2009

中国法治建设
年度报告
（中英文）

中国法学会

新华出版社

图书在版编目（CIP）数据

中国法治建设年度报告.2009：汉英对照／中国法学会编著.—北京：新华出版社，2010.7

ISBN 978-7-5011-9315-8

Ⅰ.①中…　Ⅱ.①中…　Ⅲ.①社会主义制度—建设—研究报告—中国—2009—汉、英　Ⅳ.①D920.0

中国版本图书馆CIP数据核字（2010）第129721号

中国法治建设年度报告（2009）

作　　者：中国法学会
责任编辑：董朝合　杨　逸
封面设计：肖　东
出版发行：新华出版社
地　　址：北京石景山区京原路8号
网　　址：http：//www.xinhuapub.com　http：//press.xinhuanet.com
邮　　编：100040
经　　销：新华书店
印　　刷：河北高碑店市德裕顺印刷有限责任公司
开　　本：787mm×1092mm　1/16
印　　张：11
字　　数：60千字
版　　次：2010年7月第一版
印　　次：2010年7月第一次印刷
书　　号：ISBN 978-7-5011-9315-8
定　　价：28.00元

本社购书热线：（010）63077122　　中国新闻书店电话：（010）63072012

图书如有印装问题，请与印刷厂联系调换。电话：（0312）2838225

目　录

Table of Contents

前 言

2009年，是中华人民共和国成立60周年。60年来，中国的法治建设，经历了新中国成立之初的初创时期，“文化大革命”的严重破坏时期，以及改革开放以来的全新发展时期。经过60年的艰辛探索，中国共产党和中国人民深刻认识到“法治废则国家乱，法治兴则国家安”，找到了一条符合中国国情的法治建设道路——中国特色社会主义法治道路。中国共产党和中国人民将沿着这条道路坚定不移地走下去。

2009年，是进入新世纪以来中国经济发展最为困难的一年，也是各种社会矛盾凸显的一年。在中国共产党的坚强领导下，法治建设为保障经济平稳较快发展、促进社会和谐稳定发挥了重要作用，取得了新的进步。中国特色社会主义法律体系建设迈出决定性步伐；依法行政、建设法治政府取得良好成效；司法体制和工作机制改革取得突破性进展；法制宣传、法学教育和法学研究成果丰硕。2009年中国法治建设的成就再一次证明，依法治国是实现国家繁荣昌盛、社会和谐稳定、人民幸福安康的必由之路，是保证党依法执政、国家机关依法行政、司法机关公正司法和人民群众依法享有权利的必由之路。继续坚定不移地贯彻实施依法治国基本方略，必将使中国特色社会主义伟大事业进一步显示出无比旺盛的活力和无限美好的前景。

一、关于立法工作

2009年，全国人大常委会共审议23件法律和有关法律问题的决定草案，通过12件法律案、2件法律清理决定案和1件有关法律问题的决定案，国务院制定了21件行政法规，有立法权的地方人大及其常委会制定并向全国人大常委会及国务院备案的地方性法规600余件，为确保2010年形成中国特色社会主义法律体系作出了巨大努力。

（一）制定、修改了一批重要法律

——制定侵权责任法。侵权责任法是中国特色社会主义法律体系中起支架作用的重要民事法律，关系广大人民群众的切身利益。2009年12月，全国人大常委会第十二次会议审议通过了这部法律。该法从我国国情和实际情况出发，对民法通则确立的相关基本制度作了细化、补充和完善，明确我国侵权责任制度实行过错责任和无过错责任相结合的原则；规定因同一侵权行为造成多人死亡的，可以以相同数额确定死亡赔偿金；对侵害他人人身权益，造成他人严重精神损害的，被侵权人可以请求精神损害赔偿。该法还就医疗损害、环境污染、产品缺陷、网络侵权、交通事故、动物损害等作了具体规定，界定了法律责任、赔偿范围和赔偿标准。

——制定食品安全法。食品安全事关人民群众身体健康和生命安全。2009年2月，全国人大常委会第七次会议审议通过了这部法律。该法针对食品卫生安全制度和监管体制不够完善导致食品安全事故时有发生的情况，重点就建立以食品安全风险评估为基础的科学管理制度，加强食品生产经营各环节的监管，强化生产经营者的责任，健全食品安全监督体制，畅通消费者权益救济渠道等作出了明确规定。2009年7月，国务院依据食品安全法制定了食品安全法实施条例，进一步细化了食品安全法的规定，增强了相关制度的可操作性。

——通过刑法修正案（七）。2009年2月，全国人大常委会第七次会议审议通过了刑法修正案（七），对贪污贿赂、破坏社会主义市场经济秩序、侵犯公民权利等方面犯罪的定罪量刑作了完善。修正案增加了关于利用国家工作人员影响力收受贿赂犯罪的规定，将国家工作人员近亲属或者其他关系密切者，通过该国家工作人员的职务行为或者便利条件，为请托人谋取不正当利益，索取或者收受请托人财物的行为，作为犯罪追究刑事责任；将金融机构从业人员利用因职务便利获取的内幕信息以外的其他未公开的信息，违反规定从事相关证券、期货交易活动的行为，作为犯罪追究刑事责任；将特定单位工作人员出售、非法提供、非法获取公民个人信息，情节严重的行为，作为犯罪追究刑事责任；增加了组织领导传销活动罪等。

——制定海岛保护法。中国主张管辖海域有300万平方公里，500平方米以上的海岛有6900多个，是海域辽阔、海岛众多的海洋大国。2009年12月，全国人大常委会第十二次会议审议通过的海岛保护法，针对随着经济快速发展带来的海岛生态破坏严重、海岛数量急剧减少和一些海岛被违法占用等情况，确立了科学规划、保护优先、合理开发、永续利用的海岛保护原则，明确了无居民海岛属于国家所有，规范了海岛工作管理体制，建立了海岛保护规划、生态保护、开发利用以及海岛保护监督检查制度，设立了特殊用途海岛的特别保护制度，强化了相关法律责任。

——修改统计法。统计法是1983年制定的，1996年曾作过一次重要修改。2009年6月，全国人大常委会第九次会议根据新情况新问题，又审议通过了统计法修订草案。这次修改的重点是：完善统计人员独立调查、独立报告、独立监督的法律机制；加重对领导干部人为干预统计工作、统计机构和统计人员弄虚作假、调查对象提供不实统计资料等违法行为的法律责任；建立严格的统计调查审批制度和对被调查者资料的保护制度等。为防止对统计工作的行政干预，修改后的统计法明确规定地方各级人民政府、政府统计机构和有关部门以及各单位的负责人，不得自行修改统计机构和统计人员依法搜集、整理的统计资料，不得以任何方式要求统计机构、统计人员及其他机构、人员伪造、篡改统计资料，不得对依法履行职责或者拒绝、抵制统计违法行为的统计人员打击报复。

2009年，全国人大常委会还制定了驻外外交人员法、人民武装警察法、农村土地承包经营纠纷调解仲裁法，修订了保险法、邮政法，修改了全国人大常委会议事规则、可再生能源法，通过了关于授权澳门特别行政区对设在横琴岛的澳门大学新校区实施管辖的决定；审议了社会保险法草案、选举法修正案草案、国家赔偿法修正案草案、行政强制法草案、村民委员会组织法修订草案、国防动员法草案、保守国家秘密法修订草案、石油天然气管道保护法草案。

（二）制定、修改了一批行政法规和地方性法规

2009年，国务院依据宪法、法律，制定了一批行政法规。在保障和改善民生方面，制定了食品安全法实施条例、流动人口计划生育工作条例、全民健身条例、保安服务管理条例、彩票管理条例和广播电台电视台播放录音制品支付报酬暂行办法，修订了特种设备安全监察条例和旅行社条例。在保护环境、保障和促进节能减排方面，制定了废弃电器电子产品回收处理管理条例、防治船舶污染海洋环境管理条例、规划环境影响评价条例、放射性物品运输安全监督管理条例和基础测绘条例。在巩固和增强农业

基础地位、提高农业生产能力方面，制定了抗旱条例和农业机械安全监督管理条例。在推动政府全面正确履行职能方面，制定了政府参事工作条例和行政学院工作条例。

2009年，有立法权的地方人大及其常委会特别是各省级人大常委会，根据本地区经济社会发展的需要，遵循与宪法、法律和行政法规不抵触、有地方特色、能操作的原则，制定了一批地方性法规。如：北京市人大常委会针对村民普遍使用原有宅基地翻建新房的情况，审议通过了城乡规划条例，明确规定该项规划许可管理应当发挥村民委员会作用，切实维护农民的相关权益。上海市人大常委会审议通过了上海市推进国际金融中心建设条例，努力营造有利于金融创新、金融市场体制建设、吸引人才的法制环境。山东省人大常委会修订了节约能源条例，对节能标准体系和社会服务体系、节能的鼓励政策和法律责任等作了明确规定。江苏省人大常委会审议通过的专利促进条例，在鼓励发明创造、规范知识产权管理、加大专利保护力度等方面，作了许多具有地方特色的新规定。浙江省人大常委会制定的流动人口居住登记条例，建立了居住证制度，结束实行暂住证制度，对加强社会建设和管理，维护社会稳定具有积极促进作用。广东省人大常委会制定的粮食安全保障条例，是全国第一部全面规范粮食安全保障工作的地方性法规，对完善市场机制，加强政府宏观调控，强化政府保障粮食安全的责任等，具有重要意义。四川省人大常委会制定的城市排水管理条例，在全国率先将城市排水管理工作纳入法制轨道。

（三）集中开展相关法律清理工作

2009年集中开展了法律清理工作，并取得了阶段性成果。这是确保2010年形成中国特色社会主义法律体系的重要举措，是保证法律体系科学统一和谐的内在要求。按照全国人大常委会工作部署，从2008年下半年开始，全国人大各专门委员会和全国人大常委会工作机构以及国务院、中央军委、最高人民法院、最高人民检察院等有关方面，对现有法律进行了全面梳理。针对发现的问题，全国人大常委会经过认真研究、反复论证，进行了分类处理。一是废止了8部法律，包括公安派出所组织条例，城市街道办事处组织条例，华侨申请使用国有的荒山荒地条例，华侨捐资兴办学校办法，关于授权国务院改革工商税制发布有关税收条例草案试行的决定，关于惩治偷税、抗税犯罪的补充规定，关于加强对法律实施情况检查监督的若干规定和关于严惩组织、运送他人偷越国（边）境犯罪的补充规定。二是一揽子对59件法律的141个条文作出修改，并对清理中明确需要修改的其他法律，补充列入立法规划和年度计划，抓紧进行修改。三是督促国务院和有关方面抓紧制定与法律配套的相关行政法规，并明确今后在确定立法项目、起草法律草案时，凡需要制定配套行政法规的，应当争取与法律同步实施。

（四）推进科学立法、民主立法

坚持科学立法、民主立法，是提高立法质量的必然要求，是扩大公民对立法的有序参与的重要途径。2009年，全国人大常委会不断探索更加有效的方法，积极推进科学立法、民主立法。

——重视发挥人大代表在立法工作中的作用。编制立法工作计划时，专门听取人大代表的意见，认真研究并采纳代表议案和代表建议中提出的立法项目。2009年，有21件代表议案涉及的10个立法项目列入全国人大常委会会议议程审议。审议法律草案时，邀请人大代表特别是提出相关立法议案或者立法建议的人大代表列席常委会会议，专门委员会也邀请代表列席相关全体会议或者出席专题会议、座谈会、论证会等，认真听取和吸纳他们的意见。

——扩大公民对立法工作的参与。公布法律草案征求全社会意见以及召开立法座谈会、听证会、论证会，是中国立法法规定的扩大公民参与立法工作的重要制度，是各阶层、各利益群体的诉求都能在立法过程中得到充分表达，以及防止利益部门化、部门利益法制化的重要途径。2009年，全国人大常委会审议的所有法律草案及其说明，都在中国人大网专栏中公布，并通过报纸、广播、电视、网络等媒介，广泛进行法律草案相关问题的宣传，充分调动了公民参与立法的积极性。社会保险法草案在两个半月的征求意见期间，共收到意见建议7万余条，对群众反映集中的养老保险和医疗保险等方面的意见，经过研究后吸收进了法律草案。制定侵权责任法时，针对如何解决医患纠纷问题，全国人大常委会的立法工作部门不仅直接听取有关部门、医疗单位、患者的意见，还多次召开国内国际研讨会、座谈会等，听取专家意见，借鉴国外有益做法和经验。

2009年国务院不断扩大行政法规草案公开征求意见的范围，先后有24件行政法规草案在中国政府法制信息网上全文公布。同时，还委托地方政府、基层群众自治组织、人民团体等征求群众对法律草案、行政法规草案的意见。

有立法权的地方人大通过公开征集立法项目、公布地方性法规草案、举办座谈会、论证会、听证会等方式，不断扩大立法的民主化。

——开展立法后评估工作。立法后评估是提高制度建设质量的重要保障，也是《全面推进依法行政实施纲要》提出的原则要求。国务院法制办从2006年起探索开展立法后评估工作，选择了艾滋病防治条例、特种设备安全监察条例等12部行政法规进行了立法后评估，取得了较好效果。2009年，又选择国家自然科学基金条例等6件行政法规进行立法后评估。

二、关于依法行政

2009年，按照建设法治政府目标，围绕贯彻落实《全面推进依法行政实施纲要》，中国的依法行政工作取得新的进展。

（一）接受国家权力机关的监督

各级国家行政机关对同级国家权力机关负责、受其监督、向其报告工作，是宪法确立的中国政治制度的一大特点，也是确保各级政府依法行政的重要国家制度。2009年，国务院认真实施全国人大批准的政府工作报告，重大问题及时向全国人大常委会报告，并根据全国人大常委会审议意见，进一步加强和改进政府的相关工作。

——关于农村社会保障体系建设。2009年4月，国务院向全国人大常委会作了《关于农村社会保障体系建设情况的报告》，全国人大常委会审议后提出了审议意见和建议。国务院对审议意见逐条逐项进行了认真研究，提出了改进工作的措施，包括：提高农村低保标准，督促各地在重点将因病、因残、年老体弱而丧失劳动能力等致贫人口纳入低保范围的同时，积极把其他符合当地低保条件的贫困人口纳入低保，努力推进应保尽保；制定《关于开展新型农村社会养老保险试点的指导意见》，要求在2020年之前基本实现对农村适龄居民的全覆盖；认真落实“社会保障费用不落实的不得批准征地”和“先保后征”的要求，切实解决被征地农民的社会保障问题等。

——关于四川汶川特大地震灾后恢复重建工作。2009年6月，国务院向全国人大常委会作了《关于四川汶川特大地震灾后重建工作情况的报告》，全国人大常委会在审议中围绕灾后居民的住房建设、处理好恢复重建的质量与速度的关系、确保恢复重建的资金安全、重视心理救助和生态修复等，提出了意见和建议。国务院组织各有关部门认真研究了全国人大常委会的审议意见，对国家应急管理工作进行了全面总结和反思，围绕健全应急管理体制机制、完善应急管理法规、强化灾害监测预警能力、加强应急管理保障能力等，提出了改进和加强工作的思路和措施，并于2009年12月向全国人大常委会作了书面报告。

（二）应对国际金融危机的冲击

面对国际金融危机的严重冲击，国务院出台了一揽子计划和一系列重大措施，在积极运用经济、行政等手段有效应对的同时，高度重视运用法律手段，充分发挥法治在应对危机中的作用。通过加强有关防范金融风险方面的制度建设，适时将应对国际金融危机冲击的政策措施转化为法律制度；通过创新行政管理体制机制，完善行政执法体制，提高法律法规的实施效果；通过清理和规范行政事业性收费，切实减轻企业负担；通过积极运用法治思维和法律手段定分止争，妥善化解社会矛盾，解决因国际金融危机引发的各类矛盾纠纷。

（三）深化行政执法体制改革

2009年，各地区、各部门进一步推行行政执法体制改革，减少行政执法层次，适当下移行政执法重心。继续贯彻落实《国务院办公厅关于推行行政执法责任制的若干意见》，严格实行行政执法主体资格制度、行政执法人员持证上岗和亮证执法制度，开展行政执法评议考核、绩效评估、质量考评、案卷评查等活动，进一步规范和监督行政执法活动，加大对行政执法中违法行为责任的追究力度，促进了严格执法、公正执法、文明执法。继续开展相对集中行政处罚权工作，探索开展相对集中行政许可权工作。积极开展规范行政裁量权工作，全国有14个省级政府和环境保护部、国家工商总局等部门制定了规章或规范性文件，对有裁量幅度的行政处罚、行政许可条款予以细化和量化。有15个省级政府建立了行政执法案卷评查制度，明确了评查的主体、范围、方式、内容、标准等，加强了对市县行政执法机关及其执法人员履行法定职责情况的评议考核和责任追究。

（四）开展行政复议工作

2009年，国务院共收到行政复议申请831件，办结799件。其中，正式立案并办结的行政复议案件中，作出维持裁决的占57.0%，作出变更、确认违法以及其他裁决的占43.0%。

（五）推进地方政府依法行政进程

经国务院同意，国务院法制办先后与深圳市、湖北省和重庆市政府签署了建设法治政府的合作协议，开展多方位、多层次推进法治政府建设的探索。2009年，国务院法制办通过业务指导、人员培训、干部交流等多种方式，指导地方政府结合本地实际，探索推进依法行政、建设法治政府的途径和措施，提升地方法治政府建设水平。许多地方政府结合本地实际，将法治政府目标细化、量化，制定了法治政府建设指标体系。深圳市出台了全国首个法治政府建设指标体系，安徽省、四川省出台了市县政府依法行政指标体系。国务院法制办积极支持、指导地方进行政府法制理论和实践创新，推动了全国依法行政水平的提高。

三、关于审判、检察、公安和司法行政工作

2009年，审判、检察、公安、司法行政紧紧围绕保增长、保民生、保稳定的工作大局，各项工作取得显著成绩。

（一）审判工作

2009年，人民法院坚持“党的事业至上、人民利益至上、宪法法律至上”指导思想，紧紧围绕“为大局服务、为人民司法”工作主题，坚持能动司法，认真落实“从严治院、公信立院、科技强院”工作方针，认真履行宪法和法律赋予的职责，各项工作取得新进展。最高人民法院受理案件13318件，审结11749件；地方各级人民法院受理案件11378875件，审执结10544736件。

——加强民事审判工作，为促进经济发展、维护人民权益提供司法保障。全年各级人民法院共审结一审民事案件5797160件，标的额9205.75亿元。其中，合同纠纷案件占54.41%，婚姻家庭、继承纠纷案件占23.82%，侵权、权属等方面的纠纷案件占21.77%。人民法院把化解矛盾、案结事了、促进和谐、确保公正作为审判工作目

标，坚持“调解优先、调判结合”工作原则，将调解贯穿于立案、审判、执行、信访工作全过程，审结的一审民事案件中，调解和撤诉结案的占62%。对不能调解和调解不成的，及时依法裁判，充分发挥裁判明辨是非、规范行为、惩恶扬善的作用。

——依法审理刑事案件，维护国家安全和社会稳定。全年各级人民法院共审结一审刑事案件766746件，其中，审结爆炸、故意杀人、强奸、抢劫、绑架、故意重伤、重大盗窃等严重危害社会治安案件267278件；审结贪污贿赂、破坏市场经济秩序等职务犯罪和经济犯罪案件55451件；审结一般盗窃、轻伤害、交通肇事等其他刑事案件444017件。共判处罪犯997872人，其中判处五年以上有期徒刑至死刑的罪犯占16.3%。加强未成年人刑事审判工作，贯彻“教育、感化、挽救”方针，判处未成年罪犯77604人，同比下降12.7%。规范减刑、假释工作，全年办理减刑、假释案件513263件。坚持严格控制和慎重适用死刑，严把死刑案件事实关、证据关、程序关和适用法律关，确保死刑案件质量。高度重视拉萨“3·14”事件、乌鲁木齐“7·5”事件所涉刑事案件的审判工作，严格依法办案，重事实、重证据，实现办案法律效果和社会效果的统一。妥善审理并及时发布因群体性事件引发的刑事案件，回应社会关切，消除不稳定因素。坚持司法主权原则，依法审理涉外刑事案件。

——发挥行政和国家赔偿审判职能，维护和谐的社会管理秩序。全年各级人民法院共审结一审行政诉讼案件120530件，其中涉及房屋拆迁、房屋登记、规划等城建方面的案件22741件，资源类案件21352件，环境保护案件2628件，涉及公安的案件9563件，涉及劳动和社会保障的案件9126件；审结国家赔偿案件1531件。人民法院着眼于促进社会和谐，积极探索行政诉讼案件协调和解等工作机制，促进行政相对人与行政机关互相理解、彼此沟通，妥善化解行政争议。就行政审判中反映出来的问题及时通报行政机关，促进行政执法水平的提高。规范国家赔偿案件审理程序，探索建立听证制度，确保公开、公平、公正。加大赔偿决定执行力度，确保赔偿请求人的权利尽快得以实现。最高人民法院制定下发了《关于依法保护行政诉讼当事人诉权的意见》，就依法受理行政案件、完善工作机制等提出明确具体的指导意见，切实保护当事人诉权。

——加强执行工作，努力解决执行难问题。全年各级人民法院共执结新收执行案件2446027件，已执行结案的标的金额5760.1亿元。继续开展集中清理执行积案活动，共执结各类执行积案340.7万件，标的额约3430亿元，一大批积压多年、当事人长期上访申诉的执行案件得以解决。完善执行案件信息管理系统，收录630万件执行案件信息，方便当事人查询和社会监督。为规范相关执行行为，推动执行改革，最高人民法院制定了《关于人民法院委托评估、拍卖和变卖工作的若干规定》、《关于进一步加强和规范执行工作的若干意见》。

——加强立案信访和审判监督工作，依法保障当事人的合法诉求。全年各级人民法院共审结申诉和申请再审案件125335件；依法提起再审32387件。为优化立案信访审判资源，促进信访工作规范化建设，最高人民法院增设立案二庭，设立申诉立案大厅，各级人民法院加强立案信访窗口建设，强化诉讼导引、诉前调解、判后答疑等职能，为群众依法维护自身权益提供便利服务；从提高办案质量、抓好初信初访入手，从源头上预防和减少涉诉信访问题，2009年，共接待群众来访105.5万人次，同比下降9.4%；强化审判监督工作，2009年审结的再审案件中，因原判确有错误或其他法定事由改判的11669件，占生效裁判的0.18%。为依法保障当事人申请再审权利，最高人民法院制定了《关于受理审查民事申请再审案件的若干意见》。

（二）检察工作

2009年，各级检察机关坚持“强化法律监督，维护公平正义”的检察工作主题，忠实履行宪法、法律赋予的职责，不断强化法律监督、强化对自身执法活动的监督、强化检察队伍建设，各项检察工作取得新进展。

——保障经济平稳较快发展。依法打击破坏市场经济秩序犯罪，加强对重大建设项目资金使用的监督，开展工程建设领域突出问题专项治理，深入推进治理商业贿赂工作，起诉走私、金融诈骗、非法经营等犯罪嫌疑人42473人，立案侦查涉及国家工作人员的商业贿赂犯罪案件10218件；加强对能源资源、生态环境和知识产权的司法保护，起诉非法采矿、盗伐滥伐林木、造成重大环境污染事故等犯罪嫌疑人15137人，起诉假冒专利、注册商标等犯罪嫌疑人2695人；依法妥善处理涉及企业特别是中小企业的案件，平等保护各类市场主体和中外当事人的合法权益；开展查办涉农职务犯罪专项工作，依法严厉打击农村黑恶势力、“两抢一盗”犯罪及坑农害农的犯罪。

——做好保障民生、服务群众工作。坚决惩治损害民生的犯罪，重视打击和查办发生在社会保障、劳动就业、征地拆迁、移民补偿、抢险救灾、医疗卫生、招生考试等民生领域的犯罪，积极参与食品药品安全专项整治，依法同步介入重大事故调查，加强对人权的司法保障。加强对特殊群体的司法保护，推行未成年人犯罪案件专人办理、品行调查、分案起诉等制度，打击侵害农村留守老人、妇女、儿童的犯罪和拐卖妇女儿童的犯罪，加强残疾人控告、申诉等权利的保护，依法妥善处理涉军案件，依法维护港澳同胞、台湾同胞和归侨侨眷的合法权益。完善和落实司法为民措施，开通全国统一的12309举报电话，实行

24小时接听，推行网上受理信访、法律咨询、案件查询等，推行下访巡访、预约接访、民生热线等措施。

——全力维护社会和谐稳定。认真履行批捕、起诉等职责，正确把握宽严相济刑事政策，在依法打击犯罪同时，更加注重社会矛盾的化解。依法打击各类刑事犯罪，对轻微犯罪落实依法从宽处理政策，全年共批准逮捕各类犯罪嫌疑人941091人，提起公诉1134380人。完善信访工作程序，推行信访督查专员等制度，开展化解涉检信访积案专项行动，全年办理群众信访421306件次。重视建立社会矛盾化解机制，建立执法办案风险评估机制，推行检察文书说理制度，开展刑事被害人救助工作。

——促进反腐倡廉建设。依法严肃查办职务犯罪，全年共立案侦查各类职务犯罪案件32439件41531人。突出查办大案要案，立案侦查贪污贿赂大案18191件、重特大渎职侵权案件3175件，查办涉嫌犯罪的县处级以上国家工作人员2670人；加强渎职侵权检察工作；加大惩治行贿犯罪力度；加强境内外追逃追赃工作。加强举报线索管理，完善鼓励群众实名举报制度，健全与执法执纪部门的情况通报、案件移送等机制，完善检察机关侦查办案机制。注重职务犯罪预防，加强与行政执法等部门的协作，建立健全信息共享、同步介入等预防工作机制，结合办案强化犯罪分析、预防建议和预防咨询工作，在重大建设项目中推广开展职务犯罪预防，向有关单位和部门提出预防建议

15149件。

——强化对诉讼活动的法律监督。加强立案监督和侦查监督，督促侦查机关立案19466件、撤案6742件，决定追加逮捕21232人、追加起诉18954人、不批准逮捕123235人、不起诉33048人，对侦查活动中的违法情况提出纠正意见25664件次。加强审判监督，认真落实全国人大常委会审议意见，开展刑事审判法律监督专项检查，对认为确有错误的刑事裁判提出抗诉3963件，对刑事审判活动中的违法情况提出纠正意见4035件次；在民事行政检察工作中，依法提出抗诉11556件，再审检察建议6714件。加强刑罚执行和监管活动监督，针对在押人员非正常死亡事件暴露的问题，会同公安机关开展全国看守所监管执法专项检查，会同司法行政机关开展全国监狱清查事故隐患、促进安全监管专项活动；依法维护刑罚执行的严肃性，监督纠正减刑、假释、暂予监外执行不当9883人，对超期羁押提出纠正意见337人次，对监管活动中的其他违法情况提出纠正意见22268件次。严肃查处司法工作人员职务犯罪，立案侦查涉嫌贪赃枉法、徇私舞弊等犯罪的司法工作人员2761人。

——强化对自身执法活动的监督。自觉接受人大监督，认真整改落实全国人大代表的建议、批评和意见；自觉接受民主监督和社会监督，推进人民监督员制度试点工作，大力推行“阳光检务”，注重听取律师意见，重视接受舆论监督；进一步加强内部监督，健全查办职务犯罪工作监督制约机制，深入推进执法规范化建设，严格落实执法过错责任追究条例。

——强化检察队伍建设。突出抓好领导班子建设，对省级检察院领导班子成员和基层检察长普遍轮训，推行下级院向上级院报告工作、下级院检察长向上级院述职述廉制度。大规模推进教育培训，以业务骨干和执法办案一线检察官为重点，培训检察人员10.8万余人次。制定实施检察官职业道德基本准则，严肃查处违法违纪检察人员247人。全面加强基层检察院建设，为中西部基层检察院定向招录近2000名检察人员。

（三）加强司法解释工作

2009年，最高人民法院和最高人民检察院联合出台司法解释3件，最高人民法院出台司法解释18件，其中刑事司法解释3件，民事司法解释11件，行政司法解释1件，其他司法解释3件，最高人民检察院出台司法解释1件，有效地指导了司法实践，维护了司法统一，为创造公正高效权威的司法环境和稳定和谐的社会环境发挥了重要作用。

（四）公安工作

——依法严厉打击严重刑事犯罪活动。各级公安机关以深化打黑除恶专项斗争为龙头，深入开展命案侦破和禁毒工作，重点打击“团伙、系列、流窜犯罪”，坚决遏制“两抢一盗”犯罪的高发势头，组织开展了打击拐卖儿童妇女犯罪、打击电信诈骗犯罪、打击防范涉枪犯罪、打击假币犯罪、打击整治发票犯罪、打击传销违法犯罪等一系列专项整治行动，保持了对严重犯罪活动的高压态势。全年共破获各类刑事案件244.8万起。

——加强社会治安防范。完善社会治安防控体系，组织开展“社会治安整治行动”，对容易发生治安问题的“城中村”、城乡结合部等重点地区，容易滋生“黄赌毒”等丑恶现象的重点场所，组织开展治安排查整治行动，有效预防和减少了违法犯罪活动的发生，扭转了一些地方治安混乱的局面。全年共查处各类治安案件1100多万起。

——加强出入境边防管理。完善出入境和边防管理执法规范，实施各项出入境边防便利措施，深化出入境文明窗口建设，规范出入境中介机构管理，提高了边检服务质量和水平。依法打击非法出入境活动，维护正常的出入境秩序和涉外治安环境。不断深化“爱民固边”战略，强化边防业务基础建设，全力开展边境防控，集中整治边境地区社会治安问题，有效维护了沿边沿海地区的和谐稳定。全年共审批签发公民因私出入国证件631.1万人次，批准内地居民往来港澳地区2096.8万人次，批准大陆居民往来台湾地区86.2万人次；全国边防检查机关共检查出入境人员3.5亿人次。

——强化消防管理。贯彻消防法，加强消防法规体系建设，完善消防执法制度和工作标准，落实消防工作责任制。狠抓火灾的预防和控制，组织开展公众聚集场所、高层和地下建筑消防安全专项整治活动，增强城乡防控火灾能力，不断加强消防监督执法、灭火救援能力和队伍正规化建设，提升消防工作社会化水平，遏制了重大火灾多发的势头，全国火灾形势基本稳定。全年共发生火灾12.9万起，死亡1236人。

——加强道路交通管理。推进道路交通执法规范化建设，集中整治严重交通违法行为，先后开展涉牌涉证违法行为集中整治，预防特大道路交通事故集中行动，严查机动车超速、客车超员、疲劳驾驶、酒后驾驶等严重交通违法行为专项整治行动，深入开展道路安全隐患排查治理工作，预防和遏制了道路交通事故多发的势头，道路交通安全形势总体平稳。全年共发生道路交通事故23.8万起，直接财产损失9.1亿元。

——加强执法规范化建设。出台了加强执法规范化建设的指导意见和总体安排，召开了全国公安机关执法规范化建设现场会，推行运用信息化手段执法办案的新机制。充分运用信息化手段加强执法管理，推行执法信息网上录入、执法流程网上管理、执法活动网上监督、执法质量网上考核的执法办案新机制，有效提高了公安机关的执法质量和执法公信力。加强执法制度建设，先后制定、修改《火灾事故调查规定》、《机动车驾驶证申领和使用规定》等部门规章6部，制定《公安机关执法细则》、《吸毒人员登记办法》、《看守所防范和打击“牢头狱霸”十条规定》等执法规范30余件，细化了执法标准，规范了执法行为。

——构建和谐警民关系。从2008年底开始，全国公安机关开展了“全国公安民警大走访”爱民实践活动，集中3个月时间，深入基层、深入实际、深入群众，为人民群众解决了一大批实际问题，为企业生产经营活动解决了一大批实际困难，排查化解了一大批矛盾纠纷、整治了一大批治安隐患，维护了稳定，促进了和谐。为巩固和深化爱民实践活动成果，公安部制定出台了《关于建立健全公安民警走访群众工作长效机制的指导意见》，着力推动民警走访群众工作常态化、制度化。

——加强和改进公安队伍建设。坚持政治建警、从严治警、从优待警，深入开展学习实践科学发展观和社会主义法治理念教育等活动。公安部下发《关于加强和改进公安教育训练工作的意见》，着力构建符合时代特征、具有公安特色的大教育大培训工作体系，对全国近3000名县级公安局长进行了集中培训，培训基层所队长4.9万名。

（五）司法行政工作

——监狱、劳教和戒毒工作。狠抓监管改造，开展

“安全生产年”活动和监狱安全稳定隐患专项排查整治活动，监狱总体保持安全稳定。加强服刑人员心理健康指导中心规范化建设，罪犯职业技术教育社会化程度不断提高，罪犯教育改造质量稳步提升。制定《关于加强和规范监外执行工作的意见》，依法做好罪犯减刑、假释、暂予监外执行工作。监狱体制改革取得重大进展，全国范围内基本实现监狱经费按标准由财政全额保障；监企分开、收支分开、监社分开等“三个分开”初步完成；监狱布局调整取得阶段性成果，落实监狱建设和布局调整中央专项投资12.9亿元，信息化建设稳步推进，监管条件进一步改善。劳教场所持续安全稳定，全国劳教所、司法行政系统强制戒毒隔离所未发生所内案件、安全生产事故和重大疫情传播。建立强制隔离戒毒管理、教育等工作机制和制度，截至2009年底，全国共有15个省（区）成立了戒毒管理局，203个劳教所改建为强制隔离戒毒所，共收治强制隔离戒毒人员107361人。

——人民调解工作和社区矫正工作。人民调解组织进一步健全，队伍素质进一步提高，人民调解与司法调解、行政调解相互衔接配合工作机制进一步完善，矛盾纠纷预防化解工作进一步加强。截至2009年底，全国共有各类人民调解组织83万个，调解员494万人，全年共调解各类矛盾纠纷767万余件，调解成功率为97.2%。组织开展“人民调解进万家”、“百日大排查大化解”等活动，排查化解了一大批矛盾纠纷，仅乡镇一级调解并达成书面协议的就有750多万件。

——法律服务和法律援助工作。做好金融危机引发的企业重组、股权转让、合同债务、劳资纠纷等方面的法律服务。加强律师队伍管理，健全律师执业准入、执业状况评价体系和律师、律师事务所违法违纪惩戒等规章制度，开展“中国特色社会主义法律工作者”主题教育实践活动。推进法律援助工作，制定《关于加强和改进法律援助工作的意见》，加大对农民工、老年人、残疾人、妇女儿童等特殊群体的法律援助工作，中央财政安排5000万元彩票公益金支持法律援助事业。

——国家司法考试和司法鉴定工作。2009年国家司法考试报名和参考人数创历史新高，分别达到41万和36万余名。截至2009年底，全国共有司法鉴定机构4644家，司法鉴定人5万多名，全年共办理鉴定检验案90万件。组织开展国家级司法鉴定机构遴选、侦查机关鉴定机构和鉴定人备案登记工作，推进司法鉴定机构认证认可和能力验证工作。

四、关于司法体制和工作机制改革

全面落实依法治国基本方略，加快建设社会主义法治国家，需要建设公正高效权威的社会主义司法制度。2009年，《关于深化司法体制和工作机制改革若干问题的意见》顺利实施，中央确定的60项改革任务全面启动，各地区、各有关部门认真开展深化司法体制和工作机制改革工作，17项改革任务出台了改革实施意见，18项改革任务取得实质性进展。

（一）优化司法职权配置

人民法院推进执行体制改革，加强执行联动机制建设，完善高级人民法院统一管理、统一协调本辖区执行工作管理体制，将执行实施权与裁决权分开行使，提高了执行工作水平。全国100多个法院开展量刑规范化试点工作，将量刑纳入法庭审理程序，进一步规范了刑事案件中法官行使自由裁量权。人民法院建立诉讼和非诉讼相衔接的矛盾纠纷解决机制，推动建立人民调解、行政调解、司法调解等相结合的大调解格局。人民检察院将省级以下职务犯罪案件批捕权上提一级行使，将抗诉工作与职务犯罪侦查工作分由不同业务部门承办，落实检察长列席人民法院审委会会议制度，加强和改进了法律监督工作。政法机关落实警务、检务、审务、狱（所）务等公开制度，完善舆论监督和新闻发布制度，进一步增强了执法司法工作透明度。建立健全司法机关与党外人士的沟通、通报、联络和联席会议制度，进一步加强了党外人士对政法机关执法活动的监督。完善人民陪审员制度，落实司法民主，全国人民陪审员数量由5.7万人增加到7.7万人，全年参与审判案件63.2万人，同比上升25.1%，加强了人民群众对法官办理案件的监督制约。

（二）落实宽严相济刑事政策

全国人大常委会修改刑法，提高了巨额财产来源不明罪的法定最高刑，增加了打击网络犯罪的法律规定，为有力打击腐败犯罪和网络犯罪提供了法律支撑。最高人民法院与有关部门联合签发《关于开展刑事被害人救助工作的若干意见》，刑事被害人救助制度在北京、天津、上海等16省（区、市）陆续推开，一大批因受犯罪侵害的困难群众得到帮助。最高人民法院、最高人民检察院、公安部、司法部联合在全国27个省（区、市）的218个地（市）、1336个县（区、市）、15123个街道（乡镇）推行社区矫正试点，累计接收矫正人员35万多人，一半以上的人已解除矫正，这些人员在矫正期间的重新犯罪率仅为2‰，减少了社会对抗，增加了社会和谐。

（三）加强政法队伍建设

将政法干警招录培养体制改革试点扩大到28个省（区、市）和新疆生产建设兵团，从高等院校毕业生、退役士兵中定向招录2.3万余人，经过实战性技能培训和跨学科专门知识培养，主要充实到中西部和其他经济欠发达的基层政法机关，加强基层政法机关执法力量。为有效缓解中西部地区法律职业人才短缺问题，司法部对经济欠发达地区、民族自治地区特别是中西部地区实行放宽司法考试报名条件并相应降低合格分数线等优惠政策，单独组织在职法律职业人员国家统一考试试点。有关部门不断完善与社会主义司法制度相适应的政法机关纪检监察工作体制机制，加强对政法机关领导班子及其成员的监督。将社会主义法治理念列为国家司法考试必考内容，切实提高政法干警的政治业务素质。进一步落实"从优待警"政策，加强政法部门工作人员职业保障。

（四）加强政法经费保障

通过改革，国家建立"明确责任、分类负担、收支脱钩、全额保障"的政法经费保障体制，实行分项目、分区域、分部门的政法经费保障政策，建立政法机关公用经费正常增长机制，制定完善各类装备标准，规范基础设施建设经费保障措施。司法经费保障力度进一步加大，基层政法经费实际保障水平明显提高，切实保证了政法机关依法履行职责的经费需要。

五、关于法律监督

法律监督是法治建设的重要环节，目的是确保宪法和法律得到正确实施，确保行政权、审判权、检察权得到正确行使，确保公民、法人的合法权益得到切实保障。

（一）对法律实施情况进行检查

开展对法律实施情况的检查，是各级人大常委会对同级国家行政机关、审判机关、检察机关进行监督的重要形式。2009年，全国人大常委会把对法律实施情况的检查监督放在与立法工作同等重要的位置，先后对畜牧法、工会法和食品安全法等3部法律的实施情况进行了检查，提出了改进执法的一系列重要审议意见，促进了相关法律的贯彻实施。例如，针对畜牧法执法检查中提出的应当加大对畜牧业的金融和保险支持问题，国务院决定加快推进农村金融产品和服务方式创新试点，满足畜牧业发展的信贷要求；开发适销对路的保险产品，为应对畜牧业风险提供制度保障。针对人民群众关注的畜产品质量安全问题，国务院决定加快制定、完善和提高畜产品安全标准、畜牧业生产标准和技术规范，强化无公害畜产品生产基地建设，推动养殖场（小区）备案工作，从源头上保障畜产品质量安全。

2009年，各地方人大也对多部法律、行政法规和地方性法规的执行情况进行检查，保障、支持和监督“一府两院”依法行政和公正司法，确保宪法和法律在本行政区域内的遵守和执行，推动了法律实施与发展经济、改善民生、维护群众合法权益及促进社会和谐稳定的结合。

（二）对预算执行情况进行监督

2009年6月，全国人大常委会依法听取并审议了2008年中央决算报告和2008年度中央预算执行和其他财政收支的审计工作报告。常委会组成人员在审议中认为，2008年国务院针对经济运行中的新情况、新问题，加强和改善宏观调控，及时调整财税政策措施，推进财税制度改革，支持抗灾救灾，积极应对国际金融危机的严重冲击，圆满完成了十一届全国人大一次会议批准的中央预算。同时指出，既要加强税收征管，做到应收尽收，扭转财政收入持续下滑的局面，又要防止收“过头税”，防止增加企业不合理负担；要提高财政资金使用效益，确保重点项目和重点支出，牢固树立过紧日子的思想，坚持量力而行、勤俭办一切事业，反对铺张浪费，力戒滥铺摊子，不要做表面文章；要积极推进财税体制改革，建立健全中央和地方财力与事权相匹配的财政体制，规范财政转移支付制度，抓紧建立县级政府基本财力保障机制。要严格执行法律法规和财经纪律，加大对重点财政收支领域的监管力度，规范预算编制与执行，防范财政风险。常委会组成人员还要求国务院责成有关方面对审计查出的2008年预算执行中的问题认真加以纠正，依法追究责任。对于“屡审屡犯、有禁不止”的财政违规现象，除加大整改和处理力度外，要分析深层次原因，建立预防财政违规行为的长效机制。国务院高度重视全国人大常委会对预算执行情况的审议意见，从落实结构性减税、依法加强税收征管、加强支出资金管理、优化财政支出结构、坚持量力而行、健全财政体制、规范转移支付等方面提出了整改措施，并于2009年12月报告了全国人大常委会。

（三）对部分重大公共投资项目实施情况开展专题调研

为应对国际金融危机对中国经济带来的严重冲击，国务院在2009年3月的政府工作报告中提出了促进经济发展的一揽子计划，在2008年第四季度中央新增公共投资1040亿元的基础上，2009年又安排9080亿元中央政府公共投资。为保证这一投资计划有效实施，全国人大常委会根据人大代表建议，选择保障性住房建设、教育卫生等民生工程、技术改造和科技创新、农田水利建设等4个题目，进行了为期3个月的专题调研。全国人大常委会专题调研组对各地区、各部门认真实施中央政府公共投资计划取得的成效给予充分肯定，同时对一些项目的前期工作不扎实、配套资金不落实、地方债务风险、进展不平衡、个别地方滥铺摊子等问题，及时与地方政府和国务院有关部门沟通，并形成调研报告送国务院，推动改进工作、完善政策。2009年10月，全国人大常委会审议了专题调研组的调研报告，同时听取审议了国务院关于中央政府投资安排及实施情况的报告。常委会组成人员在审议中指出，发挥投资拉动作用，要坚持立足当前、着眼长远，科学规划、量力而行，严格把握投资导向，优化投资结构，落实配套资金，规范管理程序，加强投资监管，防止重复建设，真正把钱用在刀刃上，并要求国务院在2010年4月底前将研究处理情况向全国人大常委会作出书面报告。

（四）加强规范性文件备案审查工作

全国人大常委会依法开展规范性文件备案审查，是国家法制统一的重要保证。2009年，向全国人大常委会报送备案的行政法规、地方性法规和司法解释共600余件。常委会工作机构按照法律规定，围绕社会普遍关注的热点以及与人民群众切身利益密切相关的问题，对报送备案的法规有重点地进行了审查研究。对最高人民法院、最高人民检察院报送备案的司法解释逐件进行了审查，对存在的问题与制定机关交换了意见，要求其妥善处理，并促请其集中清理2005年以前制定的司法解释。督促地方国家权力机关开展对地方性法规的全面清理，并就地方性法规清理方面存在的问题，有重点地进行主动审查。加强备案审查工作的规范化、信息化建设，各省级人大常委会大都成立了负责备案审查工作的专门机构。2009年，公民、社会团体、企业事业组织向全国人大常委会提出的对规范性文件的审查建议98件，常委会工作机构依法进行了认真研究和处理。

2009年向国务院报送备案的地方政府法规637件、地方政府规章537件、部门规章161件。经审查，对存在问题的37件法规、规章作了处理。对公民、法人和其他组织向国务院提出的82件要求对有关法规、规章和其他规范性文件进行审查的书面申请，也进行了认真研究和处理。2009年，31个省、自治区、直辖市人民政府共收到报送备案的规范性文件11124件，对其中存在问题的269件进行了处理。

六、关于人权的法治保障

实现充分的人权是中国人民和中国政府长期不懈努力的目标。2009年，中国的人权事业继续向前推进。

（一）公布实施第一个《国家人权行动计划》

2009年4月，国务院新闻办公室公布了中国第一个国家人权行动计划——《国家人权行动计划（2009—2010年)》。《计划》是中国政府响应联合国倡议、根据中国宪法的基本原则、遵循《世界人权宣言》和国际人权条约的基本精神、在中国政府各有关部门和社会各界参与下制定的，是中国政府促进和保障人权的阶段性政策文件，是中国政府就人权问题对国内外作出的庄严承诺。《计划》从中国国情出发，本着务实的精神，设定了未来两年中国政府在促进和保障人权方面的工作目标和具体措施，内容覆盖政治、经济、社会、文化等各个领域。2009年底，国家人权行动计划联席会议对《计划》的执行情况进行了中期评估，确认各项目标任务和具体指标均如期得到落实。

（二）经济、社会和文化权利保障

——生存权和发展权。2009年，在国际金融危机背景下，中国经济率先复苏并保持了平稳发展，有效地改善了民生，维护了人民的生存权、发展权和一系列经济、社会、文化权利。在中央两年4万亿元的投资计划中，民生领域的投资占了相当大的份额。为促进就业，中央财政预算安排了420亿元就业资金，完成了贫困地区100万劳动力的短期职业技能培训和近千万劳动力的农业实用技术培训。在扶贫方面，中央财政投入197.3亿元扶贫资金，安排农业“四项补贴”1230亿元，对农村低收入人口全面实施扶贫政策，扶贫对象覆盖4007万人。为保障公民的受教育权，中央财政投入579亿元资金进行农村义务教育经费保障机制改革，全部免除农村义务教育阶段学生借读费、住宿费、学杂费等，投入50亿元资金对中西部农村初中校舍进行改造，建立健全家庭经济困难学生资助体系，实施义务教育教师绩效工资制度。

——社会保障权。社会保险制度进一步完善，基本养老、基本医疗、失业、工伤、生育保险参保人数及农民工参加社会保险人数均大幅增加。有28个省（区、市）建立了基本养老保险省级统筹制度。全国10%的县（市、区）开展了新型农村社会养老保险试点，农民60岁以后将享受到国家普惠式的养老金。

——健康权。以“人人享有基本医疗卫生服务”为目标的医药卫生体制改革取得较大进展，首次提出把基本医疗卫生制度作为公共产品向全民提供。中央新增200亿元资金健全基层医疗卫生服务体系，逐步实现基本公共卫生服务均等化。启动国家基本药物制度工作，规定到2011年初步建立国家基本药物制度，到2020年全面实施规范的、覆盖城乡的国家基本药物制度。加快推进基本医疗保障制度建设，城镇居民医疗保险制度全面推开，关闭破产企业退休人员参加医疗保险工作顺利推进。

（三）公民权利与政治权利保障

——平等权。破除以户籍制度为基础的城乡二元结构，是保障公民平等权的关键。河北、辽宁等13个省（区、市）出台了以取消“农业户口”和“非农业户口”、统一城乡户口登记制度为主要内容的改革措施。修改后的选举法明确规定实行城乡按相同人口比例选举全国人大和地方各级人大代表，保障公民选举权平等。

——民主权利。公民的知情权、参与权、表达权和监督权进一步得到保障，通过互联网获取和传播信息、表达诉求，成为参与社会公共事务的一种有效模式。截至2009年底，中国网民人数超过3.8亿人，96%的乡镇通宽带互联网。越来越多的政府部门通过互联网公开政府信息。

——司法程序中的人权保障。司法机关先后出台一系列规范，保障司法公正，保障诉讼当事人获得公正、公开审判。刑讯逼供、非法拘禁等案件的查办力度得到加强。进一步扩大司法救助范围，继续实施对经济确有困难的当事人实行诉讼费用减、缓、免制度，加大对涉诉困难群众的社会救助力度，积极开展刑事被害人救助工作。

（四）少数民族、妇女、儿童和残疾人的权利保障

开展打击拐卖妇女儿童犯罪专项行动，建立全国拐卖案件DNA数据库，解救被拐卖儿童2471人、妇女5322人。在31个城市开展孤独症儿童康复训练试点工作，实施“贫困残疾儿童抢救性康复项目”，近6万名0至6岁的贫困残疾儿童得到帮助。对残疾人开展职业培训，新安排36.9万城镇残疾人就业。2009年，中央政府投入12.4亿元用于帮助人口较少民族聚居地区的基础设施建设、茅草房危旧房改造、少数民族群众生产生活条件改善、产业发展、群众增收等。

七、关于知识产权保护

中国政府历来重视知识产权保护，一直以负责任的态度积极推动知识产权保护及相关工作。2009年，中国知识产权保护取得了新进展。

（一）完善知识产权保护的法律制度

2009年10月1日，修改后的专利法开始施行。2009年12月，国务院常务会议审议并原则通过《关于修改〈中华人民共和国专利法实施细则〉的决定》。修改后的细则完善了在中国完成的发明创造向外国申请专利的保密审查制度，补充和细化了专利申请程序及授权条件，明确了遗传资源信息披露要求和对假冒专利行为的行政处罚，就专利法修改涉及的专利权评价报告、外观设计等制度作出了具体规定。修改后的细则简化了专利收费项目和缴费程序，进一步完善奖励报酬制度，允许单位和发明人约定奖酬的方式和数额。

2009年全国人大常委会审议通过了侵权责任法，明确规定著作权、专利权、商标专用权属于民事权益，纳入民事主体合法权益的保护范围，补充和完善了知识产权保护的法律体系。此外，著作权法、商标法、知识产权海关保护条例等法律法规的修改工作也取得积极进展。

（二）加大知识产权行政执法力度

制定《2009年保护知识产权行动计划》，加强知识产权执法协作机制建设，健全知识产权海外维权援助机制，在境外知名展会设立知识产权服务站。加大对文化市场整治力度，全国文化行政部门和文化市场综合执法机构全年共出动执法人员419300多人次，责令经营单位整改297360家次；受理举报62805件，立案调查72857件，移交案件3692件，办结案件65049件。开展联合打击利用互联网等媒体发布虚假药品广告，以及通过邮政信箱、快递服务等渠道销售假药的专项整治行动。依法打击非法传播、接收广播影视节目的行为，推动建立广播影视知识产权保护协会。全面开展网络侵权盗版专项治理活动。

继续开展“雷雨”、“天网”知识产权执法专项行动，突出对专利诈骗、群体侵权和反复侵权等恶意侵权行为的打击，基本遏制了专利诈骗案高发势头，维护了权利人和社会公众的合法权益。全国各地知识产权局共受理专利侵权纠纷案件937件，受理其他专利纠纷案件26件，查处假冒他人专利案件30件，查处冒充专利案件548件。

（三）发挥司法保护知识产权的作用

2009年各级人民法院审结知识产权案件36140件，比

2008 年上升 29.65%。最高人民法院发布了《关于贯彻实施国家知识产权战略若干问题的意见》，对人民法院贯彻实施《国家知识产权战略纲要》作出全面部署。最高人民法院制定了相关司法解释，完善对驰名商标的依法保护，确保侵犯专利权纠纷案件的正确审理；出台了《关于专利、商标等授权确权类知识产权行政案件审理分工的规定》，完善知识产权审判体制。各级人民法院开展了知识产权审判“优化自主创新司法环境”年度主题活动。最高人民法院还首次发布《最高人民法院知识产权案件年度报告》，及时总结审判经验，加强审判指导工作，促进知识产权法律适用标准的统一和完善。

检察机关加大打击侵犯知识产权犯罪力度，全年共受理提请批准逮捕涉及知识产权犯罪案件 1492 件 2667 人，批捕 1256 件 2119 人；共受理移送审查起诉涉及侵犯知识产权犯罪案件 1931 件 3518 人，起诉 1535 件 2695 人。公安机关严厉打击侵权知识产权犯罪，全年共破获侵权知识产权犯罪 1624 起，涉案总金额近 10.38 亿元人民币，抓获犯罪嫌疑人 2649 人。

八、关于环境法治建设

中国把保护环境作为一项基本国策，重视环境资源保护，坚持走可持续发展道路，近年来又确立了全面、协调、可持续发展的科学发展观。中国的环境法治建设是坚持科学发展的重要标志。

（一）加强环境立法和健全环境法律制度及措施

截至2009年底，中国制定了环境保护法、海洋环境保护法、节约能源法等30多部有关环境保护的法律，是中国各法律部门中立法进程最快的领域之一。

中国的环境立法注重对环境法律制度和措施的规范，先后确立了近20项环境法律制度以及诸多环境保护措施。最初，中国的环境法律制度注重末端治理，主要建立了"三同时"、"限期治理"、"排污收费"、"排污申报"、"规划"、"标准"、"监测"、"监视"、"征收超标排污费"、"许可证"等制度。1999年，中国修改了海洋环境保护法，开始注重从源头到末端的全过程污染防治的法律规范，增加设立了"污染物总量控制"、"功能区划"、"淘汰落后工艺设备"等制度，注重从源头控制污染。此外，为了强化对海洋环境污染的控制，增加了"油污损害赔偿民事责任”、“油污保险”、“船舶油污损害赔偿基金”、“污染应急”等制度，使环境法律制度趋于完善。2002年出台了环境影响评价法，进一步强化了环境治理的源头控制。2007年修改的节约能源法和2008年修改的水污染防治法，增加了“环境保护目标责任制和考核评价制度”，明确了将环境保护目标完成情况作为对地方人民政府及其负责人考核评价的内容。2008年通过的循环经济促进法，增加了“公众参与”、“定期考核”等制度，充分发挥全社会对保护环境合理利用资源的作用。到目前为止，中国的环境法律制度是较为完善的。

（二）积极应对全球气候变化

中国在促进经济社会发展、努力实现可持续发展的同时，十分重视人类共同的生存和发展，积极保护人类赖以生存的自然环境。近年来，中国为与国际社会一起应对全球气候变化，推进了有关规范节约能源、发展可再生能源、循环利用资源和增强碳汇能力等方面的立法工作进程。根据国民经济和社会发展第十一个五年计划确立的节能减排目标，为了提高能源利用效率，减少温室气体排放，2007年全国人大常委会对节约能源法进行了修改，明确了节能在我国经济社会发展中的战略地位，扩大了节约能源法的调整范围，增加了对建筑节能、交通运输节能及公共机构节能的规定。国务院据此修改完善了建筑节能条例和公共机构节能管理条例，进一步强化了能效标准，明确了强制性的用能产品（设备）能效标准、高耗能产品单位能耗限额标准、严格的建筑节能标准、交通运输营运车船的燃料消耗限值标准等，增加规定了一系列节能管理的基本制度，明确了鼓励和引导节能的财税、价格、信贷、政府采购等政策措施和一些强制性的节能管理措施，加强了政府机构的节能管理和对政府机构带头节能的要求。为了加快可再生能源的利用和发展，2009 年 12 月全国人大常委会对可再生能源法进行了修改，强化了国家可再生能源开发利用规划对地方规划的指导调控作用，完善了政府对可再生能源市场的宏观调控制度和可再生能源基金制度。此外，全国人大常委会还先后制定了有利于从源头上保护环境、节能减排的清洁生产促进法、循环经济促进法等法律，国务院及其有关部门制定了大量相关的行政法规和部门规章。为了增强碳汇能力，2009 年 12 月全国人大常委会审议通过了海岛保护法，加强对海岛生态系统的保护。同时，国务院有关部门已经开展了对森林法修改的论证工作，增强森林碳汇能力。

在完善法律的同时，2009 年 8 月全国人大常委会审议通过了关于积极应对气候变化的决议，对完善我国应对气候变化的法治建设提出了具体要求，主要包括：一是把加强应对气候变化的相关立法作为形成和完善中国特色社会主义法律体系的一项重要任务，纳入立法工作议程。二是提出适时修改完善与应对气候变化、环境保护相关的法律，及时出台配套法规，并根据实际情况制定新的法律法规，为应对气候变化提供更加有力的法制保障。三是按照积极应对气候变化的总体要求，严格执行节约能源法、可再生能源法、循环经济促进法、清洁生产促进法、森林法、草原法等相关法律法规，依法推进我国应对气候变化工作。四是把应对气候变化方面的工作作为人大监督工作的重点之一，加强对有关法律实施情况的监督检查，保证法律法规的有效实施。

（三）加强环境司法和环境法律实施的监督

在不断完善环境立法的同时，全国人大常委会重视加强环境法律的实施。近年来，全国人大有关专门委员会对水污染防治法、环境影响评价法、大气污染防治法等法律的实施情况，进行了多次监督检查和跟踪检查。有关专门委员会还对各地落实全国人大审议通过的国民经济和社会发展第十一个五年计划确立的节能减排目标的情况，进行了多次监督检查，并对三峡工程建设、大兴安岭生态建设、南水北调工程等进行了监督调研。同时，各级政府作为环境保护的第一责任者，严格落实责任，加强责任追究，环保工作取得积极成果。

九、关于法制宣传

在全体公民中深入开展法制宣传，弘扬法治精神，形成自觉学法守法用法的社会氛围，是实施依法治国基本方略的重要基础性工作，也是加快建设社会主义法治国家的必然要求。2009年，着眼于增强全民法律素质和在全社会营造良好法治环境，法制宣传工作主题鲜明，形式多样，效果明显。

（一）开展主题法制宣传活动

“保增长、保民生、保稳定”是2009年中国经济社会发展的主题，也是法制宣传工作的重点。围绕积极应对国际金融危机，以企业为对象，先后举办主题论坛、法制报告会、法制培训班、法治论坛、知识竞赛、法制文艺等6万多场次。围绕提高农民法律素质、促进农村改革发展，开展送法下乡、加强农民工法制宣传、加强农村基层民主法治建设等活动，培训农村干部110多万人次。围绕维护社会稳定和民族团结，在新疆等地开展以“维护宪法法律权威，促进社会和谐稳定”为主题的法制宣传活动。探索在民族地区和宗教场所建立学法制度，2009年的“法律进寺庙”活动共举办宗教教职人员法制培训班近万期，20多万人次参加培训。围绕保护知识产权，将知识产权教育内容纳入《全日制义务教育思想品德课程标准》，编写《知识产权法律知识读本》，开展“知识产权宣传周”活动等。此外，还开展了防控甲型H1N1流感、道路交通安全、禁毒等社会热点和重点问题的法制宣传教育活动。

（二）实现“双百”活动常态化

由中共中央宣传部、中共中央政法委员会、司法部和中国法学会联合举办的“百名法学家百场报告会”法治宣讲活动，在2006年至2008年连续3年取得圆满成功的基础上，2009年制定了《关于进一步加强“双百”活动常态化工作的意见》，以3年为一个周期，实现“双百”活动常态化。2009年“双百”活动共组织报告会430多场，直接听众超过45万人，活动的覆盖面和影响力进一步扩大。重点宣讲宪法、社会主义法治理念、中国特色社会主义法治道路、中国特色社会主义法律制度等，产生了良好的社会效果。

（三）深化重点对象学法用法工作

推广党委（党组）理论中心组学法、领导干部法制讲座等制度，许多省（区、市）组织了统一的领导干部和公务员法律知识考试。开展“法律进机关”活动，组织形式多样的公务员学法活动，共举办公务员法制学习培训班50

多万期，培训公务员1600多万人次。青少年法制宣传教育进一步拓展，全国大中小学已经基本开设法制教育课，法制副校长、法制辅导员工作进一步规范。开展全国青少年法律知识竞赛，1600多万青少年参与了网上知识大赛。继续组织“爱祖国、学法律、创和谐”大型青少年普法活动，培养和增强广大青少年的爱国意识和法律素质。

（四）推进法治省市县创建和基层依法治理工作

2009年全国有19个省（区、市）、130多个地（市）和500多个县（市）开展了法治省市县创建活动。制定《全国法治县（市、区）创建活动考核指导标准》，加强对创建工作的指导。基层民主法治创建活动蓬勃开展，有364个行政村被司法行政机关和民政部门表彰命名为第四批全国民主法治示范村。

（五）发表《中国法治建设年度报告》

为了及时向国内外介绍中国法治建设的最新进展，继2008年中国发表第一部关于法治建设的白皮书——《中国的法治建设》后，中国法学会于2009年6月组织撰写并发表了《中国法治建设年度报告》。报告从立法工作、依法行政、司法工作、人权的法治保障、知识产权保护、法制宣传、法学教育和法学研究、国际交流与国际合作等方面，全面反映了中国2008年法治建设情况。

（六）拓展法制宣传教育的载体和形式

2009年，除报刊、电视、广播等媒体更加重视法制宣传教育工作，开办了大量法制宣传栏目、节目、专版外，网络法制宣传有较大拓展，全国已有普法网站近200家，政府网站、新闻网站、上游门户网站都开办了法治网页、频道、专栏、专题。“12·4”全国法制宣传日更加深入人心。

十、关于法学教育和法学研究

法学教育和法学研究是中国法治建设的重要组成部分。2009年，中国的法学教育和法学研究事业继续稳步发展，在培养法律人才、树立法治理念、塑造公民意识、培育法治文化等方面，取得了新的成就。

（一）法学教育体系日臻完善

——法学教育规模不断扩大。在“多渠道、多形式、多层次”办学方针指导下，2009年全国的法学类专业校、院、系已发展到630多所。其中，具有法学硕士学位授予权的高等院校和科研机构333个，具有法律硕士专业学位授予权的115个，具有法学博士学位授予权的35个（其中具有一级学科博士学位授予权的11个），有11个法学博士后流动站。2009年在校法学本科生超过40万人，中国的高等法学教育从“精英教育”快速地进入“大众化教育”阶段。与此同时，法学教育基础设施和师资力量显著增强，法学专业课程设置日益系统化，培养方法不断改进，不同层级、类型的法学学位定位逐渐清晰、衔接日益合理，法学教学活动与科研、司法考试、法律实践、职业发展等联系更为紧密，案例教学、讨论式教学、诊所式教学和模拟法庭等多种教学方式得到逐步推广。

——多类型法学教育体系和多层次法学学位体系初步形成。法学教育院校的设置既有普通高等法学教育，包括政法学院（大学）、综合性大学的法学院及财经、理工、农林、医学等单科性大学的法学院（法律系），主要培养法官、检察官、律师等应用型法律人才（法学本科、法律硕士）和学术型法律人才（法学硕士、法学博士）；也有成人高等法律职业教育，包括法律函授、法律夜大、政法管理干部学院、法官学院、检察官学院、政法干校等，主要培养法律辅助型人才（法律专科）；还有中等法律职业教育，包括司法学校和司法警官学校，培养中级法律人才。

——法律职业教育迅速发展。法律职业教育是法学教育适应社会、服务社会、服务法治的需要，代表法学教育改革的基本方向，也是中国推进司法体制改革的一项重要内容，已列入《国家中长期教育改革和发展规划纲要（2010—2020年）》。2009年，中国的法律职业教育继续围绕法律职业理性教育、法律职业伦理教育、法律职业素养和技能的训练展开探索和实践。其中，以法官学院、检察官学院、政法管理干部学院、警官学院培训为主的司法职业教育初具规模与特色，各类岗前培训、任职与晋升资格培训、专项知识技能培训逐渐实现专业化、规范化、制度化，律师、公证员、书记员等其他法律服务人员的职业教育也渐次启动，为满足法治建设多方面的人才需求提供了保障。

（二）法学研究事业更加繁荣

改革开放以来，中国的法学研究事业不断繁荣，取得了一大批有价值的法学理论研究成果，法学学科体系逐步建立，知识结构和年龄结构较为合理的研究队伍初步形成，研究方法和研究视角更加科学化、多元化，“百花齐放，百家争鸣”方针得到较好贯彻。

2009年，中国的法学研究更加注重理论与实际的结合，在关注重大事件、关注民生，积极回应现实热点难点问题，尤其在应对国际金融危机、形成并完善中国特色社会主义法律体系、促进经济又好又快发展、规范国家公权力运行、促进公平正义与社会和谐等方面，取得了一批既有理论价值又有实践意义的研究成果。宪法学围绕新中国成立和宪法发展60年，重点研究了公民基本权利保障的变迁问题；法理学围绕在中国举办的第24届世界法哲学与社会哲学大会主题，重点研究了全球和谐与法治问题；民法学围绕侵权责任法的制定，重点研究了归责原则、损害赔偿、特殊侵权形态等问题；商法学围绕商法视野中的社会责任，重点研究了金融危机背景下企业的社会责任问题；行政法学围绕行政程序的法治化，重点研究了政府信息公开、行政裁量权的规范、给付行政程序等问题；经济法学围绕金融危机与经济法，重点研究了金融危机与市场规制、金融危机与宏观调控等问题；财税法学围绕服务科学发展，重点研究了财税民主与财税法治、税收征管法制的完善、促进区域发展的财税政策等问题；知识产权法学围绕全球化背景下的知识产权保护，重点研究了网络环境中的版权保护、商标法和反不正当竞争法的修改等问题；刑法学围绕新中国刑法建设60年，重点研究了刑事和解制度、死刑制度适用等问题；社会法学围绕改善民生，重点研究了新农村建设与社会保障立法、集体劳动关系的法律规制、劳动合同与劳动基准立法等问题；国际经济法学围绕国际金融危机与国际经济法的变革，重点研究了反补贴、新贸易保护主义、服务贸易促进立法等问题；民事诉讼法学围绕新中国民事诉讼法60周年，重点研究了调解制度、民事审判方式改革、民事诉讼法典的制定等问题；刑事诉讼法学围绕深化刑事司法改革，重点研究了刑事量刑程序的完善、优化刑事司法权配置、宽严相济刑事政策适用等问题。

十一、关于国际交流与国际合作

2009年，中国在参与国际立法、加强与国际执法司法合作等方面，取得了一系列积极成果。

（一）参与国际立法及相关活动

——反恐立法方面。中国已参加13项反恐国际公约中的11项，并正就已签署的《制止核恐怖主义行为国际公约》履行国内批准程序。派团参加联大反恐特委会2009年届会，继续参与制订关于国际恐怖主义的全面公约的谈判。为进一步完善现行国际反恐法律框架，中国赞同制定一项新的全面反恐国际公约，赞同在联合国主持下适时召开反恐高级别会议的倡议，以便为反恐国际法律合作提供政策指引。在区域层面，中国积极参与上海合作组织框架下打击恐怖主义的合作，支持进一步加强本组织框架内反恐合作的法律基础，签署了《上海合作组织打击恐怖主义公约》。

——外空法方面。派团参加了联合国和平利用外层空间委员会第52届会议。中国代表强调，建设“和谐外空”离不开外空法的有力保障，同时认为现行外空法还不足以有效防止外空武器化和外空军备竞赛，需要在不影响现有外空法律框架的前提下，讨论制订新的法律文书。中国代表在联合国大会表决支持第389号决议《防止外层空间的军备竞赛》。

——海洋法方面。派团参加了第19次《联合国海洋法公约》缔约国会议、国际海底管理局第15届年会和64届联大海洋和海洋法决议磋商。关于外大陆架划界问题，中国政府强调应科学合理地划分国家管辖海域和国家管辖范围以外海域，既让沿海国充分行使对其陆地领土全部自然延伸的大陆架的主权权利和管辖权，又应避免侵蚀作为人类共同继承财产的国际海底区域的范围。中国政府认为，大陆架界限委员会根据《公约》第76条和附件二审议沿海国划界案，不应影响各国对《公约》其他部分的适用。

——国际人权条约谈判和履约。2009年12月，中国派团参加了《儿童权利公约》任择议定书制定工作组召开的第一次会议，与各国讨论制定《儿童权利公约》来文申诉机制任择议定书的相关事项。中国切实履行已参加的人权公约义务，启动了《经济、社会及文化权利国际公约》第二次履约报告、《儿童权利公约》第三、四次合并报告及《儿童权利公约关于儿童卷入武装冲突问题的任择议定书》首次报告的撰写工作。2009年8月，中国政府派团出席了联合国消除种族歧视委员会审议中国履行《消除一切形式种族歧视国际公约》第十至十三次合并报告的会议，与委员会进行了建设性对话。委员会审议结论肯定了中国政府在发展民族地区经济、提高人民生活水平、保护少数民族文化等方面的举措与成就。

（二）司法协助等领域的工作

从1987年同法国签订《中法民事和商事司法协助协定》起，中国在司法协助领域的缔约工作走上了快车道。截至2009年底，中国已与近60个国家签订了逾百项司法协助条约。

——通过司法协助，维护中国的合法权益。2009年，中国与外国相互提出并执行的各类刑事、民事司法协助案件3300余件，涉及贸易纠纷、海事运输、产品质量责任、保险、侵权、离婚、贪污、跨国洗钱、知识产权等诸多领域。中外司法协助有效打击了跨国犯罪，维护了中国国家利益和企业、公民的合法权益。

——推进司法协助缔约工作，完善司法协助法律框架。2009年，全国人大会常委会先后批准了《中国和墨西哥引渡条约》、《中国和秘鲁民商事司法协助条约》、《中国和韩国移管被判刑人条约》、《中国和澳大利亚移管被判刑人条约》、《中国和委内瑞拉刑事司法协助条约》、《中国和巴西民商事司法协助条约》、《中国和马耳他关于刑事司法协助的条约》。中国政府还先后签署了《中国和马耳他关于刑事司法协助条约》、《中国和巴西民商事司法协助条约》、《中国和印度尼西亚引渡条约》。

——开展司法协助领域的对话与交流。与加拿大举行司法和执法合作第二轮磋商。双方就引渡、遣返逃犯及分享犯罪所得等问题深入交换了意见，并一致认为，应当持续这种对话，推动双方在司法和执法领域的务实合作。就引渡法律和实践问题同美国举行研讨会，深入交流了各自宪法框架、引渡的国内法和条约基础、办理引渡案件的具体操作程序、缔结引渡条约的标准和要素以及引渡的替代措施等问题。

（三）气候变化问题的系列涉外法治活动

——推动气候变化谈判，维护联合国气候变化框架公约和京都议定书的法律地位。气候变化问题是2009年度最大的国际热点问题之一。发表《中国政府关于哥本哈根气候变化会议的立场》，指出联合国气候变化框架公约和京都议定书是国际合作应对气候变化的基本框架和法律基础，凝聚了国际社会的共识，是落实巴厘路线图的依据和行动指南。应对气候变化长期合作行动的“共同愿景”，就是要加强公约的全面、有效和持续实施，实现公约的最终目标。在9月22日召开的联合国气候变化峰会上，胡锦涛主席全面阐述了中国在气候变化问题上的原则立场，宣布了中国政府为应对气候变化将采取的4项重要举措。

中国政府高度重视哥本哈根气候变化会议，以积极、负责任的态度参与了会议谈判，并与各方保持了密切的沟通和交流。温家宝总理亲自与会，发表重要讲话，并深入细致做各方工作，阐述中方立场，促成会议取得积极成果。会议最后发表的《哥本哈根协议》坚持了《联合国气候变化框架公约》和《京都议定书》的基本框架，确认了“巴厘路线图”双轨制谈判的进展，锁定了各方在重大焦点问题上的基本共识，重申了“共同但有区别的责任”原则，为今后谈判奠定了政治基础，指明了方向。

——积极应对“碳关税”带来的法律问题。针对2009年6月底美国众议院通过“边界调节税”法案，从2020年起开始实施“碳关税”，对进口的排放密集型产品，如铝、钢铁、水泥和一些化工产品，征收特别的二氧化碳排放关税，中国商务部于7月3日指出，征收“碳关税”违反了世界贸易组织的基本规则，是以环境保护为名，行贸易保护之实，严重损害发展中国家利益，中方对此坚决反对。12月16日，中国商务部再次表示，坚决反对使用碳关税措施限制贸易发展。

（四）其他方面

——维护《南极条约》的法律地位。派团参加第32届《南极条约》协商会议，指出冻结南极领土、南极只用于和平目的、科学考察自由、协商一致等原则，是《南极条约》成果的基石，应继续作为处理南极旅游、生物勘探等新问题的指南。

——推进国际条约适港澳问题。2009年3月，中国向联合国秘书长交存了中国政府核准《泛亚铁路网政府间协定》的核准书以及有关该协定适用于中华人民共和国香港特别行政区和澳门特别行政区的政府声明。2009年还办理了13项多边条约修正案适港澳手续。

——参与国际司法活动。国际法院在荷兰海牙就科索沃独立咨询意见案举行书面及口头程序。中国参与了上述程序，阐述了对处理科索沃问题的联合国安理会第1244号决议的理解，重申了对尊重国家主权及领土完整、民族自决等国际法基本原则的立场。这是新中国首次参与国际法院的司法程序，也是联合国安理会五个常任理事国第一次共同参与国际法院的司法活动。

结束语

2009年中国的法治建设取得了新的成就。但也要看到中国仍然是世界上最大的发展中国家，经济社会发展中的矛盾和问题仍然很多，法治建设面临着新的挑战，全面落实依法治国基本方略，加快建设社会主义法治国家依然任重而道远。

2010年是实施“十一五”规划的最后一年，也是确保形成中国特色社会主义法律体系，全面建设法治政府，加快推进司法体制和工作机制改革十分重要的一年。中国人民将在中国共产党领导下，继续坚定不移地沿着中国特色社会主义道路，深入贯彻落实科学发展观，紧紧抓住影响社会和谐稳定的源头性、根本性、基础性问题，深入推进社会矛盾化解、社会管理创新、公正廉洁执法三项重点工作，为全面推进社会主义经济建设、政治建设、文化建设、社会建设以及生态文明建设，提供更加有力的法治保障。

面对新的机遇和挑战，中国人民有信心、有能力谱写法治建设的辉煌新篇章。

附　录

（一）2009 年全国人大常委会制定和修改的法律目录（15 件）

1. 中华人民共和国食品安全法
2. 中华人民共和国刑法修正案（七）
3. 中华人民共和国保险法
4. 中华人民共和国邮政法
5. 全国人民代表大会常务委员会关于修改《中华人民共和国全国人民代表大会常务委员会议事规则》的决定
6. 中华人民共和国农村土地承包经营纠纷调解仲裁法
7. 中华人民共和国统计法
8. 全国人民代表大会常务委员会关于废止部分法律的决定
9. 中华人民共和国人民武装警察法
10. 全国人民代表大会常务委员会关于修改部分法律的决定
11. 中华人民共和国驻外外交人员法
12. 中华人民共和国侵权责任法
13. 中华人民共和国海岛保护法
14. 全国人民代表大会常务委员会关于修改《中华人民共

和国可再生能源法》的决定

15. 全国人民代表大会常务委员会关于授权澳门特别行政区对设在横琴岛的澳门大学新校区实施管辖的决定

（二）2009年国务院制定和修改的行政法规目录（21件）

1. 军服管理条例
2. 国务院关于修改《特种设备安全监察条例》的决定
3. 国务院关于修改《国务院对确需保留的行政审批项目设定行政许可的决定》的决定
4. 旅行社条例
5. 废弃电器电子产品回收处理管理条例
6. 中华人民共和国抗旱条例
7. 民用机场管理条例
8. 彩票管理条例
9. 流动人口计划生育工作条例
10. 基础测绘条例
11. 中华人民共和国食品安全法实施条例
12. 规划环境影响评价条例
13. 全民健身条例
14. 防治船舶污染海洋环境管理条例
15. 放射性物品运输安全管理条例
16. 农业机械安全监督管理条例

17. 保安服务管理条例
18. 政府参事工作条例
19. 广播电台电视台播放录音制品支付报酬暂行办法
20. 外国企业或者个人在中国境内设立合伙企业管理办法
21. 行政学院工作条例

（三）2009年最高人民法院、最高人民检察院发布的司法解释（22件）

1. 最高人民法院、最高人民检察院关于办理生产、销售假药、劣药刑事案件具体应用法律若干问题的解释
2. 最高人民法院、最高人民检察院关于办理妨害信用卡管理刑事案件具体应用法律若干问题的解释
3. 最高人民法院、最高人民检察院关于执行《中华人民共和国刑法》确定罪名的补充规定（四）
4. 最高人民法院关于审理无正本提单交付货物案件适用法律若干问题的规定
5. 最高人民法院关于涉港澳民商事案件司法文书送达问题若干规定
6. 最高人民法院关于审理涉及驰名商标保护的民事纠纷案件应用法律若干问题的解释
7. 最高人民法院关于人民法院认可台湾地区有关法院民事判决的补充规定
8. 最高人民法院关于适用《中华人民共和国合同法》若干

问题的解释（二）

9. 最高人民法院关于在执行工作中如何计算迟延履行期间的债务利息等问题的批复

10. 最高人民法院关于审理建筑物区分所有权纠纷案件具体应用法律若干问题的解释

11. 最高人民法院关于审理物业服务纠纷案件具体应用法律若干问题的解释

12. 最高人民法院关于在执行附加刑剥夺政治权利期间犯新罪应如何处理的批复

13. 最高人民法院关于审理城镇房屋租赁合同纠纷案件具体应用法律若干问题的解释

14. 最高人民法院关于适用《中华人民共和国保险法》若干问题的解释（一）

15. 最高人民法院关于裁判文书引用法律、法规等规范性法律文件的规定

16. 最高人民法院关于审理洗钱等刑事案件具体应用法律若干问题的解释

17. 最高人民法院关于人民法院委托评估、拍卖和变卖工作的若干规定

18. 最高人民法院关于审理民事级别管辖异议案件若干问题的规定

19. 最高人民法院关于修改《关于审理非法制造、买卖、运输枪支、弹药、爆炸物等刑事案件具体应用法律若

干问题的解释》的决定

20. 最高人民法院关于审理行政许可案件若干问题的规定

21. 最高人民法院关于审理侵犯专利权纠纷案件应用法律若干问题的解释

22. 最高人民检察院关于公证员出具公证书有重大失职行为如何适用法律问题的批复

Preface

2009 is the 60th anniversary of the founding of the People's Republic of China. In the past 60 years, China's rule of law has experienced three stages: first, creation during the era of the founding of New China; second, disastrous destruction during the period of the "Cultural Revolution"; third, innovative development after reforming and opening up. Through 60 years of strenuous exploration, the Communist Party of China (CPC) and the Chinese people have realized profoundly that abandoning idea of the rule of law will result in disorder in this country while promoting the rule of law will bring prosperity, and have ultimately found the way to the development of rule of law that is consummate to China's realities——the rule of law in a socialist society with Chinese characteristics. The Chinese people will unswervingly go along this way.

2009 is the toughest year for China's economic development since the new millennium, and in this year many types of social contradictions have emerged. Under the solid leadership of the CPC, new progresses were achieved in the development of the rule of law, which played an important role in ensuring economic development in a smooth and relatively faster manner and in maintaining social harmony and stability. Construction of the socialist legal system with Chinese characteristics made a decisive step forward, and considerable accomplishments were achieved in promoting administration according to the law and in building a government under rule of law; breakthrough progresses were made in the reform in judicial system and work mechanisms; and tremendous achievements were made in publicizing China's legal accomplishments as well as in legal education and research. China's accomplishments in development of the rule of law in 2009 once again prove that running the country according to the law is the inevitable course which guarantees prosperity of the nation, harmony and stability of the society and happiness of the people, guarantees the Party to exercise power over the country, the state organs to administrate affairs according to the law, the judiciaries to adjudicate impartially, and guarantees the masses of people to enjoy their rights according to the law. Firmly upholding the fundamental guideline of running the country according to the law will certainly further bring out exuberant vitality and boundless beautiful prospects of the great cause of socialism with Chinese characteristics.

I. On the work of Lawmaking

In 2009, the Standing Committee of the National People's Congress (NPC) deliberated 23 draft laws and decisions on relevant legal issues, passed 12 laws, two decisions on sorting out laws and one decision on relevant legal issue; the State Council formulated 21 administrative regulations; local people's congresses with legislative power and their standing committees formulated over 600 local regulations which were filed to the State Council for the record. They made enormous contributions to guarantee the formation of a socialist legal system with Chinese Characteristics in 2010.

1. Formulation and Revision of Important Laws

——Tort Liability Law. The Tort Liability Law is an important civil law supporting the socialist legal system with Chinese Characteristics and affects the immediate interests of the masses of people. This Law was passed by the NPC Standing Committee at its twelfth meeting in December 2009. Proceeding from China's realities and practice, this Law specifies, supplements and improves the relevant basic systems stipulated in the General Principles of Civil Law, and explicitly establishes that China's tort liability system adopts the principle of recognizing both fault and non-fault liability. It provides that in the event of multiple deaths arising from the same tort, compensation of equal amounts may be determined; that for acts of tort that infringe on personal rights and interests and result in serious mental injury, the infringed may seek compensation for mental injury. It contains detailed provisions on medical damage, environmental pollution, product defects, internet tort, traffic accidents, damage caused by animals, and defines corresponding legal liability as well as scope and standard for compensation.

——Food Safety Law. Food safety directly involves people's health and safety of life. This Law was passed by the NPC Standing Committee at its seventh meeting in February 2009. In light of the situation where incomplete food safety system and relevant supervisory system from time to time resulted in food safety accidents, this Law emphasizes on, through explicit provisions, establishment of a scientific management system based on food safety risk assessment, regulation on the process of food production and distribution, strengthening of manufacturers' and distributors' liability, improvement of food safety supervisory system, and remedies available for the consumers. In July of 2009, the State Council formulated Implementary Provisions on Food Safety Law accordingly, which further specifies some of the provisions in the Food safety Law, thus making relevant system thereof more practical.

——Amendment VII to the Criminal Law. This Amendment was passed by the NPC Standing Committee at its seventh meeting in February 2009. It improves the system of conviction and sentencing with respect to such crimes as graft and bribery, disruption of the order of socialist market economy, infringement of citizens' rights, etc. In this Amendment, provisions on the crime of extorting and accepting bribes by taking advantage of the influence of a state functionary were added, that is, any of the close relatives of a state functionary or any other person closely related to a state functionary, who, through that state functionary's performance of duties or by taking advantage of that state functionary's power of office or position, seeks illegitimate benefits for an entrusting person, or extorts from the entrusting person or accepts the entrusting person's money or property, shall be prosecuted for criminal liability; the act of any employee of a financial institution making use of other undisclosed information than inside information obtained by taking advantage of his or her power of office to, in violation of the rules, conduct stocks or futures transactions related to that information, is a crime and shall be pursued for criminal liability; the act of selling, or illegally providing or obtaining citizens' personal information by the staff members of certain entities, if the circumstances are serious, is a crime and shall be pursued for criminal responsibility. New crimes such as organization and leading of illegal pyramid sales were also added.

——Law on the Protection of Offshore Islands. The sea area which is claimed under China's jurisdiction reaches 3,000,000 Sq. Kilometers, and more than 6,900 offshore islands are over 500 Sq. Kilometers. China is a country with extensive sea area and many offshore islands. This Law was passed by the NPC Standing Committee at its twelfth meeting in December 2009. In light of the situation where accelerated economic development resulted in serious destruction of the ecosystem on offshore islands, fast decrease in the number of offshore islands as well as illegal occupation and use of offshore islands, this Law explicitly prescribes the principle for the protection of offshore island, i. e. , scientific planning, prioritized protection, rational development and sustainable use; clarifies that uninhabited offshore islands belong to the state; regulates on the offshore island administration system; establishes the planning system for offshore island protection and the systems for ecosystem protection, development and utilization as well as for protection supervision and inspection; sets up a special protection system for the offshore islands for special use; and provides more strict legal liability in these aspects.

——Statistics Law. The Statistics Law was enacted in 1983 and important revisions were made in 1996. In December 2009, the NPC Standing Committee deliberated and adopted the newly revised draft Statistics Law at its twelfth meeting in light of the new situations and new problems. The key points of this revision include: improving the legal system for independent investigation, report and supervision by statisticians, aggravating legal liability for such acts as leading persons interfering with statistical work without authorization, statistical institutions or statisticians engaging in fraud and deception, investigation targets providing untruthful statistical data, etc. , and establishing strict review and approval system for carrying out statistical investigation and system for protecting the information of investigation targets. In order to prevent interference with statistical work by administrative means, the newly revised Statistics Law explicitly provides that responsible persons of the local people's governments at all levels, statistics institutions or relevant departments of the people's governments or any entities shall not, at their own discretion, modify statistical data legally collected and sorted out by statistics institutions and statisticians. Such responsible persons shall not, by any means, require statistics institutions, statisticians or other institutions or persons to forge or tamper with statistical data, nor retaliate against statisticians who perform their duties in accordance with the law or who refuse or oppose any illegal statistical act.

Apart from the above, the NPC Standing Committee enacted the Law on Diplomatic Personnel Stationed Abroad, Law on the People's Armed Police, Law on Mediation and Arbitration of Disputes over Rural Land Contract and Management, revised the Insurance Law, Postal Law, amended the Rules of procedure for the Standing Committee of the National People's Congress, Renewable Energy Law, adopted the Decision on Empowering the Macau Special Administrative Region to Exercise Jurisdiction over the New Campus of the University of Macau on Hengqin Island. It also made deliberation over the Draft Social Insurance Law, Draft Amendments to the Electoral Law, Draft Amendments to the State Compensation Law, Draft Law on Administrative Compulsory Enforcement, Draft Amendments to the Organic Law of the Villagers' Committees, Draft Law on National Defense Mobilization, Draft Amendments to the Law on Guarding State Secrets and Draft Law on Protection of Petroleum and Natural Gas Pipelines.

2. Formulation and Revision of Administrative and Local Regulations

In 2009, the State Council formulated according to the Constitution and laws a number of administrative regulations, including the following: with respect to securing and improving people's livelihood, it formulated the Regulations on Implementation of Food Safety Law, Regulations on Family Planning Involving Migrant Population, Regulations on Nationwide Fitness, Regulations on Security Service, Provisions on Lottery Administration and Interim Measures for Compensation Payment for Broadcasting Phonographs by Radio and Television Stations, and revised the Regulations on Special Equipment Safety Regulation and Inspection and Regulations on Tourist Agencies; with respect to protecting environment as well as ensuring and promoting energy conservation and deduction of waste discharge, it formulated the Regulations on Administration of Recycling and Disposal of Abandoned Electric and Electronic Products, Regulations on Prevention and Control of Marine Environment Pollution by Vessels, Regulations on Environmental Impact Assessment of Zoning, Provisions on Regulation and Administration of Safe Transportation of Radioactive Substances and Regulations on Basic Surveying and Mapping; with respect to consolidating and strengthening the fundamental status of agriculture and improving agricultural production capacity, it formulated the Regulations on Combating Drought and Provisions on Agricultural Machinery Safety Regulation and Administration; with respect to promoting full and correct performance of functions and duties by government, it formulated the Provisions on the Work of Government Counselors and Provisions on the Work of the Administrative Academy.

In 2009, the people's congresses with legislative power and their standing committees, especially the standing committees of provincial people's congresses, formulated a number of local regulations based on the need for the economic and social development of their respective regions and following the principle of non – contravention with the Constitution, laws and administrative regulations, reflection of local characteristics and practicality. For instance, in light of the situation where villagers in general rebuild houses on their original residential house sites, the standing committee of Beijing municipal people's congress, after deliberation, adopted the Regulations for Urban and Rural Planning which explicitly stipulates that the villagers' committee shall play its role in such permit issuing management, to practically protect farmers' rights and interests thereof. The standing committee of Shanghai municipal people's congress deliberated and adopted the Regulations of Shanghai City for Promoting the Building of an International Financial Center, in the efforts to create a legal environment which is conducive to financial innovation, systematic development of the financial market and drawing talents. The standing committee of Shandong provincial people's congress revised the Energy Conservation Regulations, which explicitly provides for a set of standards for energy conservation and social service system, the incentives for energy conservation and corresponding legal liability, etc. The standing committee of Jiangsu provincial people's congress deliberated and adopted the Regulations on Patent Promotion containing many provisions that is of local characteristics in a number of aspects such as encouraging invention and creation, regulating IP right management and enhancing patent protection. The standing committee of Zhejiang provincial people's congress formulated the Residential Registration Regulations for Migrant Population, replacing the original temporary residing permit system with the residential credential system, which plays an active role in strengthening social development and social management as well as in maintaining social stability. The Regulations on the Safety of Grain Reserves, formulated by the standing committee of Guangdong provincial people's congress, is the first local regulation comprehensively stipulating on securing grain reserves, which carries significant meaning in improving the mechanism of the market, strengthening macro - control by the government, and enhancing the government's responsibility for securing grain reserves. The standing committee of Sichuan provincial people's congress formulated the Regulations on the Administration of Urban Water Discharge and was the first to legislate the work of urban drainage management.

3. Focusing on Sorting out the Existing Laws

In 2009, efforts were concentrated on the work of sorting out the existing laws and the results were fruitful for the present period. This is an important move actually guaranteeing formation of the socialist legal system with Chinese characteristics in 2010, which is the inherent demand for a scientific, integrated and harmonized legal system. According to the work plan made by the NPC Standing Committee, starting from latter half of 2008, all the NPC special committees, the working bodies of the NPC Standing Committees, as well as the State Council, the Central Military Commission, the Supreme People's Court, the Supreme People's Procuratorate and other relevant sectors had thoroughly sorted out all the existing laws. After serious researches and repeated demonstrations, the NPC Standing Committee categorized and solved all the problems encountered. Firstly, it abrogated 8 laws, which were the Regulations on the Organization of Local Police Station, Regulations on the Organization of Urban Neighborhood Office, Regulations on Application for Use of the State - owned Wasteland and Barren Hills by Overseas Chinese, Measures for the Establishment of Schools with Donations of Overseas Chinese, Decision on Authorizing the State Council to Reform the System of Industrial and Commercial Taxes and Issue Relevant Draft Tax Regulations for Trial Application, Supplementary Provisions Regarding the Imposition of Punishment in Respect of Offences of Tax Evasion and Refusal to Pay Tax, and Supplementary Provisions on the Severe Punishment of the Crimes of Organizing or Transporting Other Person(s) to Illegally Cross the National Border (Frontier). Secondly, it revised, as a whole package, 59 laws involving 141 articles; and it added in its legislative program and annual legislative plan other laws that definitely need be revised, as are discovered in the sort - out. Thirdly, it pushed the State Council and relevant aspects to pay close attention to formulating relevant auxiliary administrative regulations, and made it clear that in future when determining a legislative project or drafting a law, if there is a need to formulate an auxiliary administrative regulation, efforts should be made in implementing such administrative regulation concurrently with the law in question.

4. Promoting Scientific and Democratic Legislation

Legislation in a scientific and democratic manner is a necessity for improving the quality of laws and is an important means for citizens to extensively participate, in an orderly way, in the process of lawmaking. In 2009, the NPC Standing Committee kept exploring more effective methods to positively promote scientific and democratic legislation.

——Attaching importance to the role of NPC deputies in legislative work. In formulating legislative plan, special arrangements were made for hearing deputies' opinions, studying and adopting accordingly their legislative proposals and suggestions. In 2009, among the 21 proposals on legislation made by the deputies, 10 legislative projects were enlisted in the agendas of the NPC Standing Committee meetings for deliberation. In deliberating the drafts of laws, deputies, especially those who put forward relevant legislative proposals or suggestions, were invited to attend the Standing Committee meetings without voting right and, in addition, they were often invited by the relevant special committees to attend, without voting right, relevant plenary meetings or invited to relevant special meetings, symposiums and demonstrative meetings for their comments.

——Promoting citizens' extensive participation in legislation.

Publishing the drafts of laws to solicit opinions from all social sectors and holding various legislative symposiums, hearings as well as demonstrative meetings are the important system for citizens to extensively participate in legislation, as is provided for in the Legislative Law, which are also the means for all social strata and interest groups to fully express their appeals in the legislative process, to prevent inter – department power competition over unjust interests and prevent relevant departments from legalizing such unjust interests. The drafts of laws and corresponding explanatory notes to these draft laws deliberated in 2009 by NPC Standing Committee were all published in the special column of the NPC website, and discussions on issues related to relevant draft laws were publicized through newspapers, radio, television, internet, etc., to encourage citizens' full participation. During the two and half months when the draft Social Insurance Law was published for public opinions, more than 70,000 pieces of opinions were collected. Public opinions focusing on old age pensions and medical insurance were later included in the draft law after research. When formulating the Tort Liability Law, regarding the issue of how to settle medical disputes, the relevant legislative department of the NPC Standing Committee not only directly listened to opinions of relevant departments, medical institutions and patients, but also held national and international discussions and symposiums, to hear experts' opinions and learn experiences from other countries.

In 2009, the State Council kept increasing the number of the draft administrative regulations for soliciting public opinions, by successively publishing the texts of 24 pieces of administrative regulations on the China legislative information network. At the same time, it entrusted the local governments, grassroots – level people's autonomous bodies, people's organizations, etc. to collect public opinions on certain draft laws and administrative regulations.

The people's congresses with legislative power continued expanding democracy in legislation through publicly soliciting legislative projects, publishing the drafts of local regulations and holding symposiums, demonstrative meetings and hearings, as well as by other means.

Carrying out post – legislative evaluation. Post – legislative evaluation is important means to guarantee institutionalization, which is also a principle and requirement laid down in the Outlines of Promoting Administration According to the Law in a Comprehensive Way. In 2006, the State Council had started exploring in the field of post – legislative evaluation. It had chosen 12 administrative regulations, including the Regulations on Prevention and Treatment of AIDS and Regulations on Special Equipment Safety Regulation and Inspection, to conduct post – legislative evaluation and the results were satisfactory. In 2009, it evaluated the Provisions on National Natural Science Funds and other 5 administrative regulations.

II. On Administration According to the Law

Aiming at building a rule – of – law government and centering on thoroughly implementing the Outlines of Promoting Administration According to the Law in a Comprehensive Way, China has made progresses in promoting administration according to the law in 2009.

1. Accepting Supervision by the Organs of State Power

Administrative organs of the state at various levels are accountable to the organs of state power at the same level, subject to their supervision and report work to them, which is stipulated in the Constitution. It is a distinguishing feature of China's political system and is an important state system guaranteeing administration in accordance with the law at all levels. In 2009, the State Council earnestly implemented the report on government work which had been approved by NPC, reported major issues to the NPC Standing Committee without delay, and further strengthened and improved relevant government work based on the Standing Committee's opinions given after deliberation.

——On construction of rural social security system. In April 2009, the State Council submitted the Report on the Construction of Rural Social Security System to the NPC Standing Committee and the latter deliberated the Report and put forward comments and suggestions. After thorough research in every comment and suggestion, the State Council produced improving measures, including: raising the standard for rural basic living allowances and urging the localities to not only attach importance to enlisting, for basic living allowances, those who become poor as a result of losing their ability to work due to illness, deformity, old age and poor health, but also include other poverty – stricken population who meet the local standard for receiving basic living allowances for that purpose, trying to attaining the goal of basic living allowances for all those who deserve them; formulating the Guidelines for Experimental Implementation of New Rural Old Age Pensions, requiring that all rural residents reaching the qualified age be covered thereby before 2020; earnestly implementing such policies as "no land shall be permitted for expropriation unless relevant social security funds are in place" and "social security funds shall be paid prior to expropriation of land", to practically solve social security issues involving the farmers whose lands are expropriated.

——On post – earthquake restoration and reconstruction in Wenchuan of Sichuan Province. In July 2009, the State Council submitted the Report on the Work of Post – Earthquake Restoration and Reconstruction in Wenchuan of Sichuan Province to the NPC Standing Committee, the latter deliberated the Report and gave their comments and suggestions focusing on residential house building for the victims, balancing the relation between construction quality and speed in restoration and reconstruction, securing funds for restoration and reconstruction, psychological intervention as well as ecosystem restoration. The

State Council called relevant departments to study theses comments and suggestions, summed up and reflected on state emergency response management in an all – round way, produced improving ideas and measures focusing on improving the system and mechanism of emergency response management as well as the relevant regulations, strengthening disaster monitoring and forecasting, enhancing capacity – building for emergency response management, and submitted a written report to the NPC Standing Committee in December 2009.

2. Coping with International Financial Crisis.

In the face of serious global financial crisis, the State Council put forward a package plan and a series of major measures. While vigorously applying economic and administrative means, which were proved effective, the State Council attached great importance to the use of legal means and gave sufficient room to the idea of the rule of law. It transformed, in a timely manner, the policies and measures for coping with international financial crisis into laws through institutionalizing financial risk prevention and control; enhanced the effects of laws and regulations through innovating the administration system and mechanism as well as improving the administrative law – enforcing system; alleviated the encumbrances of enterprises in a practical way through sorting out and regulating on administrative and operational charges; and by holding the idea of the rule of law and applying proper legal means, appropriately resolved social contradictions and settled various types of disputes that were triggered by international financial crisis.

3. Deepening Reform in Administrative Law – Enforcing System

In 2009, all localities and departments kept making progresses in reforming administrative law – enforcement system, by reducing the levels of administrative enforcement subjects and transfer more law – enforcing functions to the lower – level enforcement subjects. The Opinions Issued by the General Office of the State Council on Applying Administrative Law – Enforcing Responsibility System continued to be implemented. The system of qualified administrative law – enforcement subjects and the system under which administrative law – enforcement officers must obtain work certificates and must produce such work certificates for law enforcement were strictly applied. Activities such as administrative law enforcement examination and evaluation, performance assessment, quality appraisal and case – file examination were carried out. Administrative law – enforcement activities were further regulated and supervised. Liabilities for illegal law – enforcement acts were strictly investigation. Therefore, law enforcement was carried out strictly according to the law in an impartial and civilized manner. In addition, all localities and departments kept practicing imposition of administrative punishments in a relatively centralized way, and kept exploring the methods for granting administrative permits in a relatively centralized way. They also took an active part in regulating administrative discretion. Altogether 14 provincial governments, the Ministry of Environmental Protection and the State Administration of Industry and Commerce had formulated rules or regulatory documents giving quantitative descriptions as to the discretionary ranges for imposing administrative punishments and for granting administrative permits. Apart from it, 15 provincial governments had established administrative law enforcement case - file examining system, clarifying the subjects under examination, the scope, methods and contents of and standard for examination, in order to strengthen examination and assessment with respect to the performance of statutory duties by the municipal and county administrative law - enforcement organs and the law - enforcement officers, as well as strengthen investigation into relevant liabilities, if any.

4. Carrying out Administrative Reconsideration

In 2009, the State Council received 831 applications for administrative reconsideration, among which 799 applications were handled and closed. Of the cases handled and closed, 57% were ruled that the original judgments were affirmed, and 43% ruled that the original judgments were illegal or were ruled otherwise.

5. Promoting Local Administration in Accordance with the Law

Upon permission of the State Council, the Legislative Affairs Office of the State Council successively signed cooperative agreement on building a rule - of - law government with the Shenzhen Municipal Government, Hubei Provincial Government and Chongqing Municipal Government, starting an all - round and multilevel exploration in the building of a rule - of - law government. In 2009, the Legislative Affairs Office of the State Council, by providing professional guidance, personnel training and cadre exchanging and other means, directed the local governments in, based on their own local situation, exploring ways and measures for promoting administration in accordance with the law and building a rule – of – law government, and in improving their capacities in building a rule – of – law government. Many local governments specified quantitatively their goal of establishing a rule – of – law government and formulated a set of standards for that purpose in light of their respective local situation. Shenzhen City was the first issuing a whole set of standards for the establishment of a rule – of – law government, and Anhui Province and Sichuan Province respectively issued their own standards for administration in accordance with the law at the municipal or county level. The Legislative Affairs Office of the State Council positively supported and directed the local governments in both theoretical and practical innovation in legal system development, which ultimately improved administration according to the law throughout the country.

III. On the Work of Trial, Prosecution, Public Security and Judicial Administration

In 2009, remarkable accomplishments were achieved in the field of trial, prosecution, public security and judicial administration, by closely centering on the general guideline of sustaining the speed of economic growth, protecting people's livelihood and preserving stability.

1. On the Trial Work

In 2009, the people's courts adhered to the guiding ideology of "supremacy of the cause of the CPC, the people's interests and the Constitution and the laws", focused on "service for the general interests of the country and adjudication for the interest of the people", insisted on giving active play to judicial administration, earnestly implemented the work guideline of "strict internal administration, aiming at winning public faith and improving work through technologies", performed the duties endowed by the Constitution and the laws with a serious attitude, and made new progresses in their work. The Supreme People's Court accepted and tried 13,318 cases and closed 11,749 cases; local people's courts at various levels accepted 11,378,875 cases, among which 10,544,736 were tried and closed and judgments enforced.

——Strengthening trial of civil cases and providing judicial guarantee for promoting economic development and protecting people's interests. In 2009, people's courts at various levels tried and closed 5,797,160 civil cases in the first instance, and the value of claims reached RMB 920.575 billion. Of the aforesaid civil cases, 54.41% involved contract disputes, 23.82% involved disputes over marriage, family and succession, and 21.77% involved torts and ownerships. Aiming at resolving contradictions, settling disputes at the close of a case, promoting harmony and ensuring justice", the people's courts adhered to the principle of "mediation first and along with the process of trial", conducting mediations at each stage of case filing, trial, judgement enforcement and complaining through letters and visits. Of the cases of first instance which were tried and closed, 62% were settled through mediation or were withdrawn. Where mediation was unsuccessful, ruling were made in a timely manner differentiating right from wrong, regulating on conducts, punishing the evil and encouraging people to do good.

——Trying criminal cases in accordance with the law, safeguarding national security and maintaining social stability. In 2009, people's courts at various levels tried and closed 766,746 criminal cases in the first instance, among which 267,278 cases involved explosion, intentional manslaughter, rape, robbery, kidnapping, major intentional injury, major theft and other crimes seriously undermining public security; 55,451 cases involved graft, bribery, disruption of the order of market economy and other crimes related to one's power of office as well as other crimes in the economic field; and 444,017 cases involved ordinary theft, light injury, traffic accidents, etc. Altogether 997,872 persons were convicted and punished, of whom 16.3% were sentenced to life imprisonment for five years or more or were imposed with death penalty. The people's courts implemented the policy of "education, persuasion and redemption" in trying juvenile criminal cases. In 2009, the figure of minors criminally convicted and punished was 77, 604, which was 12.7% lower that the last year. The people's court further regulated on mitigation of penalty and probation, and 513,263 cases involving mitigation of penalty or probation were handled. The people's courts exercised strict and careful control over the application of death penalty, paying closest attention to the facts, evidence, procedure and application of law in trying cases involving death penalty to ensure the quality of trial thereof. Relevant people's courts attached great importance to the trial of criminal cases concerning Lhasa "3. 14" and Urumqi "7. 5" incidents. They handled these cases strictly according to the law and emphasizing on facts and evidence, which brought satisfactory legal and social effects. The people's Courts appropriately tried criminal cases triggered by incidents involving large groups of people, publicized the results thereof responding to public concerns, and eliminated hazards of social instability. The people's courts upheld the principle of judicial supremacy in trying criminal cases involving foreigners or foreign affairs.

——deploying the functions in trying administrative cases and cases claiming state compensation and safeguarding a harmonious public order. In 2009, the people's courts tried and closed 120,530 administrative cases in the first instance, among which 22,741 cases involved housing demolition and relocation, real estate registration, urban planning, etc., 21,352 cases involved disputes over natural resources, 2,628 cases involved environmental protection, 9,563 cases involved public security organs and 9,126 cases involved disputes over employment and social security. They also tried and closed 1,531 cases claiming state compensation. Aiming at promoting social harmony, the people's courts actively explored the mechanism of mediation and reconciliation in handling administrative cases, encouraged communication and mutual understanding between the administrative counterparts and administrative departments concerned, and appropriately settled administrative disputes. They gave immediate notice to the relevant administrative departments regarding the problems discovered in the process of administrative trial to help improve the quality of administrative law enforcement. The people's courts regulated the procedure for trying cases claiming state compensation and, through exploration, established relevant hearing system, to ensure transparency, fairness and impartiality. They strengthened the enforcement of compensation rulings to ensure that the claimants are compensated as soon as possible. The Supreme People's Court issued the Opinions on Protecting Administrative Counterparts' Rights of Litigation in Accordance with the Law, which contained detailed directions in accepting and handling administrative lawsuits according to the law and in improving relevant work mechanism, to practically protect the rights of litigation of the parties involved.

——Enhancing judgment enforcement and advocating to solving the difficulty of enforcement. In 2009, the people's courts enforced and closed 2,446,027 enforcement cases which were all applied in the year and the value of enforced claims reached RMB 576.01 billion. At the same time, they continued concentrating efforts to handle cases the enforcement of which was in arrears and enforced 3,407 million such cases with claimed value totaling RMB 343 billion, therefore closing a large number of cases applied and complained for enforcement for many years. The people's courts endeavored to improve the case enforcement information management system and uploaded 6.3 millions such cases for inquiry by relevant parties and for accepting public supervision. For the purposes of regulating relevant enforcement conducts and promoting reform in enforcement, the Supreme People's Court formulated the Regulations on the People's Courts Entrustment of Appraisal, Auctioning and Sale of Property Involved in Relevant Cases and Several Opinions on Further Strengthening and Regulating the Work of Enforcement.

——Strengthening the work of case filing and handling of complaint by relevant parties through letters or visits, as well as supervision over trials, to protect relevant parties' legitimate claims in accordance with the law. In 2009, the people's courts at various levels tried and closed 125,335 cases involving complaints or application for retrial, of which 32,387 cases entered the proceedings for retrial according to the law. In order to optimize the resources for case filing, handling of complaint by relevant parties through letters or visits and for trial, and to regulate on the handling of the aforesaid complaints, the Supreme People's Court established a second divisional court for case filing and set up an office for complaint filing. The people's courts at various level increased accesses for filing case and lodging complaint, enhanced courts' functions of guidance in the proceedings, pretrial mediation and explanation to the parties after trial, to provide convenience to the general public in protecting their rights and interests according to the law. Proceeding from improving the quality of trial and settling complaints when lodged for the first time, so as to prevent and reduce from the very beginning complaints about cases tried and closed, the people courts received visits of complaint totaling 1.055 million persons or times in 2009, which was 9.4% less than the last year. The people's courts strengthened internal supervision over trials. In 2009, the judgments of 11,669 cases were amended in retrial because the original judgments were erroneous or out of other statutory causes, accounting for 0.18% of the effective judgments. In order to protection the right to apply for retrial, the Supreme People's Court formulated Several Opinions on Acceptance and Examination of Applications for Retrial of Civil Cases.

2. On the Work of Prosecution

In 2009, people's procuratorates at various levels upheld the work guideline of "strengthening legal supervision and upholding justice", loyally fulfilled the duties prescribed by the Constitution and the laws, constantly strengthened legal supervision, internal supervision over law enforcement and team building, and made great progress in every aspect of work.

——Ensuring the economy to development in a stead and relatively fast pace. People's procuratorates, in accordance with the law, endeavored to combat crimes disrupting the order of market economy, strengthened supervision over the use of funds for major construction projects, and focused specially on investigating and prosecuting crimes involving project construction as well as commercial bribery. They prosecuted 42,473 criminal suspects involved in smuggling, financial fraud, illegal business operation, etc, filed and investigated 10,218 commercial bribery cases involving state functionaries. In strengthening protection of energy and other natural resources, ecosystem and intellectual property by judicial means, they prosecuted 15,137 suspects involved in illegal mining, illegal and abusive lumbering, as well as major environmental pollution, and 2,695 suspects involved in passing off others' patent and counterfeiting of trademarks. They appropriately dealt with cases involving enterprises, especially small and medium - sized enterprises according to the law and exercised equal protection of the legitimate rights and interests of various market subjects as well as of Chinese and foreign parties; investigated and punished crimes committed by taking advantage of the position of rural and agricultural affair administration, and severely cracked down mafia - like gangs in the rural areas, crimes of robbery, snatch and theft, as well as criminal activities that deceived and harmed farmers.

——Doing a good job in protecting people's livelihood and serving people. People's procuratorates resolved to punish crimes that undermines people's livelihood, attached importance to cracking down through investigation and prosecution crimes in the field of social security, labor and employment, land expropriation and relocation, immigration and corresponding compensation, coping with emergencies and disaster relief, medical treatment as well as student enrollment and examination, which were all related to people's livelihood; took an active part in the extensive campaign for improving food and drug safety; stepped in major accident investigation from the beginning according to the law; and strengthened protection of human rights. In enhancing protection of the specific groups of people by judicial means, people's procuratorates adopted the systems under which criminal cases involving minors were handled by the designated staff, the said minors' conducts were investigated and separately prosecuted; crushed crimes targeting at the aged, women and children left behind in the countryside and crimes of trafficking of women and children; enhanced protection of the rights of the disabled to lodge accusations and complaints; appropriately handled cases involving the army according to the law; protected the legitimate rights and interests of Hongkong, Macao and Taiwan compatriots as well as returned overseas Chinese and their family members. People's procuratorates also improved and fully implemented measures to provide convenience to the people, such as setting up the hotline "12309" to receive reports and accusations 24 hours around, popularizing acceptance of complaints, legal consultation and case inquiry through internet, sending staff members to the grassroots - level localities to receiving complaints, making appointments for receiving complaining visitors, etcetera.

——Advocating to maintaining a harmonious and stable society. People's procuratorates strictly performed the duties of approval of arrest, prosecution, etc. and, following the policy of rationally tempering justice with mercy, stressed on eliminating social contradictions while cracking down crimes according to the law. In cracking down crimes, petty crimes were handled with leniency. In 2009, 1,134,380 suspects were prosecuted and 941,091 were approved for arrest. In improving the procedure for receiving complaints through letters and visits, the system of special supervisors in this respect was adopted, and a special campaign for settling cases complained about which were in arrears was launched, and 421,306 complaints through visits and letters were handled. People's procuratorates paid attention to the mechanism of solving contraventions, established a system for case impact evaluation, improved prosecution reasoning and participated in rescuing and assisting victims involved in criminal cases.

——Further carrying out anti - corruption and promoting honesty and uprightness. People's procuratorates strictly investigated and handled crimes related to the power of office in accordance of the law. In 2009, they filed and investigated 32,439 such cases involving 41,531 persons. They concentrated efforts on investigating and dealing with major crimes, filed and investigated 18,191 major graft and bribery cases and 3,175 cases of serious dereliction of duty, involving 2, 670 suspects who were state functionaries with a rank above the county and division level. People ' s procuratorates also strengthened their work of recovering the illicit money involved in crimes from both at home and abroad; strengthened management of report against crimes and improved the system of encouraging people to make such reports in their real names; improved the mechanism of information circulation with relevant law - enforcement and disciplinary departments as well as the case transfer mechanism; improved the work mechanism of case investigation and case handling; stressed on prevention of crimes related to the power of office by adopting such preventive measures as further cooperating with the administrative departments, improving information sharing and stepping in investigation at the very beginning, enhancing criminal analysis of the cases handled, proposing preventive measures and providing relevant consultation, and promoting prevention of crimes related to the office of power involving major construction projects. In 2009, people ' s procuratorates made 15, 149 preventive proposals to relevant department and entities.

——Enhancing supervision over activities relevant to litigation. In enhancing supervisions over case filing and case investigation, people ' s procuratorates urged the investigatory organs to file 19,466 cases and cancel 6,742 cases, and decided to add 21,232 persons for arrest and 18,954 persons for prosecution; disapproved 123,235 persons for arrest, decided not to prosecute 33,048 persons, and made 25,664 comments on rectifying illegal investigatory activities. In enhancing supervision over trials, they implemented the suggestions on the work report which were put forward by the NPC Standing Committee after deliberation, carried out a special campaign for legal supervision over criminal trial, lodged protests against 3,963 cases which were erroneously judged and made 4,035 comments against violations of law in the process of criminal trials; in supervision over criminal and administrative trials, lodged protests against 11,556 cases which were erroneously judged and made 6,714 proposals on retrial. In strengthening supervision over execution of criminal punishment and detention, in light of the problems exposed in the sudden death of detained persons, people's procuratorates carried out special law-enforcement inspection nationwide with respect to detention houses in conjunction with the public security organs, and inspected the prisons nationwide in conjunction with the judicial administrative organs, for the purpose of eliminating hazards and promoting safe management. In safeguarding the authority of criminal execution, they corrected inappropriate execution of mitigation of punishment, release on parole and execution of sentence outside prison, involving 9,883 criminals in total, and made 337 comments against custody exceeding the statutory time limit, and 22,268 comments against other violations of law in the execution of custody. People's procuratorates investigated and handled crimes related to the power of office which were committed by staff members of judicial organs, files and investigated 2,761 such persons suspected of committing corruption by misusing the law and engaging in malpractice for selfish ends.

——Enhancing internal supervision. People's procuratorates accepted supervision by the people's congresses and adopted suggestions, criticisms and opinions put forward by the deputies to people's congresses; conscientiously accepted supervision by the general public, adopted the experimental system of people's supervisors, exercised "prosecution under the sun", paid attention to listening to opinions of the lawyers, and attached importance to accepting supervision by the media. They further strengthened internal disciplining, improved the work mechanism of supervision over the investigation and handling of crimes related to the power of office, promoted regulated law enforcement, and strictly implemented the rules of responsibility for false law enforcement.

——Enhancing team building in people's procuratorates. Great attention was paid to building the leadership of people's procuratorates. Regular trainings were provided for the members of the leadership of provincial people's procuratorates and the president of grassroots – level procuratorates. The system where lower level procuratorates should report work to the higher level procuratorates and where the presidents of lower level procuratorates should make work and moral reports to the higher level procuratorates was adopted. Large – scale educational and training programs were carried out for the professional elites and the prosecutors who directly investigated and handled cases, and the prosecutors received such trainings reached 108,000 persons or times. The prosecutors' code of conducts was formulated and implemented. 247 prosecutors were investigated and punished for violation of laws and disciplines. Construction of grassroots – level people's procuratorates was carried out in an all – round way and 2,000 prosecutors were recruited for the grassroots – level people's procuratorates in the middle and west of China.

3. Strengthening Judicial Interpretation

In 2009, the Supreme People's Court and the Supreme People's Procuratorate jointly issued three judicial interpretations. The Supreme People's Court separately issued eighteen interpretations, among which three were criminal, eleven were civil, one was administrative and three were for other fields. The Supreme People's Procuratorate separately issued one interpretation. These judicial interpretations effectively directed judicial practice, protected judicial consistency and played an important role in creating a just, efficient and authoritative judicial environment as well as a stable and harmonious society.

4. The Work of the Public Security Organs

——Severely cracking down major criminal activities according to the law. The security organs took priority in further concentrating efforts to crushing mafia – like gangs and eliminating evil force, further carried out investigation in cases involving fatalities and drug – related cases, emphasize on cracking down organized crimes, serial crimes and commission of crimes moving from place to place, prevented the momentum of the crimes of robbery, snatch and theft, launched a series of campaigns in combating crimes of child and woman trafficking, crimes through communication system, crimes involving firearms, crimes involving currency counterfeit, invoice – related crimes, crimes of pyramid sales, etcetera. High – handed measures against major crimes were applied. In 2009, in 2,448,000 various criminal cases were successfully investigated by public security organs.

——Strengthening preventive measures for maintaining public order. The public security organs improved the preventive and control system for maintaining social order, and launched the "action for better public order", investigating those areas such as underdeveloped villages located in urban areas, the fringe areas between metropolitan and backward rural areas, the places where prostitution, gambling and drug dealing are usually committed, through which criminal offenses were effectively prevented and reduced, and radical changes took place in the areas where public order had been bad. In 2009, more than 11 million cases involving public security administration were investigated and handled.

——Strengthening border and frontier management. A complete set of rules for entry and exit as well as frontier management were formulated, more convenient entry and exit measures were practiced, entry – and – exit intermediaries were better regulated, and border and frontier inspection and other service were improved. The public security organs cracked down offenses involving border entry and exit, protected the order of entry and exit as well as a good foreign – related environment; further implemented the strategy of "loving the people and protecting the borders", strengthened basic trainings in border and frontier practices, tightened border control and advocated to tackling the problems affecting public order in the frontier areas, and effectively maintained the stability and harmony of the border and coastal areas. In 2009, the number of reviewed and issued certificates for border – entry or – exit by citizens for personal reasons reached 6, 311,000 persons or times, the number of approved mainland citizens to and fro Hong Kong and Macao reached 20,968,000 persons or times, and the number of approved mainland citizens to and fro Taiwan reached 862,000 persons or times. The frontier inspection offices nationwide inspected persons exiting or entering China totaling 0. 35 billion persons or times.

Strengthening fire – protection management. The public security organs thoroughly implemented the Fire Protection Law, formulated a set of fire protection regulations and rules, improved fire protection law – enforcement system and the relevant work criteria, and applied fire protection responsibility system. They focused on fire prevention by carrying out special fire protection and safety inspection in the places for public congregation, in tall buildings and underground construction facilities, enhanced the fire prevention and firefighting capacity in both urban and rural areas, constantly improved fire protection supervision and law enforcement, firefighting and rescue capacity, and dedicated to building a more professional firefight force. Public participation in the work of fire protection was expanded, the momentum of major and serious fire accidents was prevented and there was no obvious increase in fire accidents nationwide. In 2009, there were 129,000 fire accidents and 1,236 fatalities caused thereby.

——Strengthening road traffic management. The public security organs enhanced regulation in traffic law enforcement and concentrated efforts in punishing major violations of traffic laws. Special campaigns and actions were launched successively to punish offenses violating provisions on motor vehicle plates, driver's license and license of the vehicles, prevent major traffic accidents, and punish driving over speed limit, overloading passengers, fatigue driving, drunk driving, etc. Inspections were carried out to eliminate traffic accident hazards. The momentum of major and serious traffic accidents was prevented. There was no obvious increase in traffic accidents nationwide. In 2009, there were 238,000 traffic accidents resulting in property loss totaling RMB 0. 91 billion.

——Strengthening regulation in law enforcement. The guidelines and general planning for enhancing regulation in law enforcement were formulated, an on - spot national meeting on regulated law enforcement participated by public security organs was held, informationization in law enforcement and case investigation was popularized. Informationization of law enforcement management was strengthened. Law enforcement information was uploaded on the internet, and through internet the process of law enforcement was managed, law enforcement activities was supervised and reviewed, therefore effectively improving the quality and credibility of law enforcement. Law enforcement was institutionalized, and six departmental rules were successively formulated and revised including the Rules for Fires Accident Investigation and the Rules for Application and Use of Motor Vehicle Driver's License. Over 30 regulatory provisions on law enforcement were formulated including the Specific Law Enforcement Provisions of Public Security Organs, Measures for Drug - Addicts Registration, Ten Provisions of Detention Houses on Preventing and Cracking Down Jailhouse Bullies, etc., which proscribed in detail the criteria for law enforcement and regulated on law enforcement acts.

——Building a harmonized relation between the public and police. Starting from the end of 2008, the public security organs had launched a three - month national campaign, i. e., "police actively paying visit to the general public", who went to the grassroots level and visited the civilians, through which a lot of problems of the general public and enterprises were solved, tensions and disputes discovered and settled, public security hazards eliminated, and social stability and harmony were secured. In order to consolidate the results achieved in this campaign, the Ministry of Public Security implemented the Guideline for Establishing and Improving a Permanent Work Mechanism of Paying Visits to the Public, thus regularizing and institutionalizing such a mechanism.

——Strengthening team building in public security organs. The public security organs adhered to establishing a police force with the right political views, managed the police force strictly, provided sufficient welfare to the police, and carried out a series of activities in studying and implementing the spirit of the Scientific Outlook of Development as well as trainings in the socialist ideology of the rule of law. The Ministry of Public Security issued the Opinions on Enhancing and Improving Education and Training of the Police, to establish a general education and training system tailored specially for the police, and trained almost 3,000 heads of the public security organs at the county level and 49,000 directors of the grassroots – level police stations.

5. The Work of Judicial Administration

——On the work related to prisons, reform through labor and drug rehabilitation. Great efforts were dedicated to custody and reform through labor. A campaign of "safe production throughout the year" was launched, hazards affecting jail safety and order were eliminated and in general the jails throughout the country were kept safe and in order. Standardized mental health consultation centers for inmates were built, occupational trainings provided for criminals coped with social demand and reform of criminals through labor were became more successful. The Opinions on Enhancing and Regulating Execution of Sentence Outside Prison was formulated and the work of mitigation of sentence, release on parole as well as execution of sentence outside prison was improved. Great progress in prison system reform was achieved, including: in general prison management funds were fully guaranteed by government finance; the "three separation", that is, separation of prison management from related enterprises, separation of revenues from expenditures and separation of certain prison facilities from their original social functions, was accomplished for the preliminary stage; geographic redistribution of prisons was completed for the present stage, a special fund amounting RMB 1.29 billion for improving prison conditions and geographic redistribution was appropriated by the Central Government, informationization of prison management was steadily carried out and conditions for custody were further improved. The sites for reform through labor maintained safe and stable, and no incidents, or accidents related to safe production, or major epidemics occurred in any of such educational sites or any of the compulsory drug rehabilitation houses which fell under the jurisdiction of the judiciary administration system. A number of management and educational mechanisms and systems for compulsory drug rehabilitation were established. By the end of 2009, drug rehabilitation administrative bureaus were established in 15 provinces (or municipalities directly under the central government), 203 sites for reform through labor were turned into compulsory drug rehabilitation houses and 107,361 drug addicts were taken in for compulsory rehabilitation.

——On the work of mediation by people's mediators and community correction. Further progresses were made in improving the people's mediation organizations, the qualification of people's mediators and the work mechanism of combining mediation by people's mediators with mediation by judiciaries and administrative organs, and in strengthening the work of preventing and settling contradictions and disputes. By the end of 2009, there were altogether 830,000 people's mediation organizations of various kinds and 4,940,000 people's mediators that mediated and settled 7,670,000 cases involving all sorts of disputes, and the rate of successful mediation was 97.2%. A number of campaigns were carried out such as "people's mediators helping all families" and "100 – day mediation campaign for settling disputes", which advocated to settling disputes and dismissing tensions. More than 7,500,00 cases were mediated and written mediation agreements were signed at the town and townships level.

——On the work of legal service and legal aid. Attention was paid to providing legal service in enterprise reorganization, equity transfer, contract liabilities and labor disputes, which were common occurrences during the time of the financial crisis. Administration of lawyers was strengthened. The rules and systems for practice licensing, practice evaluation as well as punishment of lawyers and law firms for violation of laws and disciplines were improved. A program with the theme of trainings and practice for "the social legal professionals with Chinese characteristics" was launched. The Opinions on Enhancing and Improving the Work of Legal Aid was formulated to promote legal aid. More efforts were made in providing legal aid for rural migrant workers in cities, the aged, the disabled as well as women and children. The central government allocated RMB 50 million which was accrued from lottery selling for public welfare purpose to finance the work of legal aid.

——On the work of national judicial examination and judicial evaluation. In 2009, new records were set in the numbers of people registered for and participated in national judicial examination, totaling 410,000 and 360,000 respectively. By the end of 2009, there were 4,644 certified judicial evaluation institutions and more than 50,000 evaluators throughout the country, and 900,000 judicial evaluations were carried out. Relevant work was organized with respect to selection of state-level judicial evaluation institutions, and registration of evaluation institutions of the investigatory bodies and evaluators, further promoting certification and licensing of judicial evaluation institutions and relevant competence review.

IV. On Reform in Judicial System and Work Mechanisms

For thoroughly implementing the fundamental guideline of running the country according to the law and accelerating the establishment of a socialist country under the rule of law, an impartial and highly efficient socialist judicial system need be established. In 2009, the Opinions on Several Issues of Deepening Reform in Judicial System and Work Mechanisms was successfully implemented and the 60 tasks for such reform were fully carried out. All localities and departments earnestly carried out the work of deepening reform in judicial system and in the relevant work mechanisms. Opinions were drawn up on carrying out 17 of the aforesaid tasks and substantive progresses were made in 18 of the tasks.

1. Optimizing the Allocation of Judicial Power and Responsibility

The people's courts promoted systematic reform, strengthened the establishment of a judgement enforcement mechanism of joint action, improved the management system of high courts in managing and coordinating the enforcement work within their respective jurisdiction in a unified manner, separated the power of judgement enforcement from that of adjudication, and therefore improved the enforcement work. An experiment in standardized sentencing was carried out in over 100 courts, including sentencing in the trial procedure and further regulating judges' discretionary power in trying criminal cases. The people's courts established a dispute – solving mechanism combining litigious with non – litigious means and promoted the general arrangement of mediation coordinating people's mediation, administrative mediation and judicial mediation. Approval of arrest related to cases involving the power of office below the provincial level was exercised by the people's procuratorates at a level higher than the people's procuratorates which were responsible for handling the aforesaid cases; different departments were assigned to undertake the work of lodging protests against court judgement and the work of investigation in crimes involving power of office; and the system was implemented under which the presidents of the people's procuratorates may attend without voting right the meetings of the judicial committees of the people's courts, in order to strengthen and improve the work of legal supervision. The organs of politics and law implemented a series of transparency systems with respect to the work of the police, and the work of prosecution, trial and prison management; improved the system of supervision by media and holding of press conferences, and further improved transparency in law enforcement and in judicial work. The systems of communication, circulation of information, liaison and joint meeting between the judiciaries and non – CPC personages were established and improved to further strengthen supervision by such personages over the organs of politics and law in the work of law enforcement. The system of people's assessors was improved and judicial democracy was promoted. The number of people's assessors nationwide increased from 57,000 to 77,000. Participation in trying cases by people's assessors reached 632,000 persons or times, with an increase of 25.1% compared with the year before, therefore public supervision and control over trial of cases by judges was strengthened.

2. Implementation of the Policy of Rationally Tempering Justice with Mercy

The NPC Standing Committee amended the Criminal Law by raising the maximum limit of the statutory penalty for the crime of unexplainable sources of especially large amount of property and adding the provisions on combating crimes committed through internet, which provided legal basis for vigorously crushing down crimes of corruption and internet crimes. The Supreme People's Court and relevant departments jointly issued the Opinions on Carrying out Rescuing and Assisting Victims of Criminal Cases. The system for rescuing and assisting victims of criminal cases was successively practiced in 16 provinces (autonomous regions and municipalities directly under the central government) including Beijing, Tianjin, Shanghai, etcetera and a large number of struggling people victimized by crimes were helped. The Supreme People's Court, the Supreme People's Procuratorate and the Ministry of Justice joined hand in the experiment of community correction in 27 provinces (autonomous regions and municipalities directly under the central government), involving 218 regions (and municipalities), 1,336 counties (districts and cities) and 15,123 communities (towns and townships), taking in 350,000 persons subjected to correction and in the end more than half of them were released upon expiration of community correction term. The percentage for committing another crime during community correction was only around 0.2%. Such an experiment helped reduce social conflicts and improve social harmony.

3. Strengthening Team Building in Organs of Politics and Law

The experimental reform in the system for recruiting and training political and legal talents as well as police was expanded to 28 provinces (autonomous regions and municipalities directly under the central government) plus the Xinjiang Production and Construction Corps. 23,000 persons were recruited from among the targeted graduates of higher educational institutions and among the targeted veterans, who, after receiving skill trainings through practice and interdisciplinary professional trainings, were mainly dispatched to the grassroots - level organs of politics and law in the middle and west of China and other underdeveloped areas. In order to effectively solve the problem of shortage of legal talents in the middle and west of China, the Ministry of Justice adopted a number of preferential policies in underdeveloped areas and ethnic autonomous areas, especially in the middle and west of China, such as more relaxed requirements for registration for national judicial examination and lower qualification scores, and organized a separate unified national examination for the legal professionals already in practice. The relevant departments constantly improved the disciplinary inspection and supervision system and mechanism of the organs of politics and law, making such system and mechanism better adapted to the socialist judicial system, strengthening supervision over the leaderships and staffs of such organs. The ideology of the rule of law in a socialist society was included as the essential contents of national judicial examination, to help improve the political awareness as well as professional knowledge of the political and legal staff as well as the police. The policy of providing sufficient welfare to the police was further put into practice to ensure proper treatments for the political and legal staff.

4. More Guaranties for Fund Allocation for the Work of the Organs of Politics and Law

Through reform, the state established a system guaranteeing the funds for the work of the organs of politics and law, namely, "defined responsibility, categorized fund allocation, separation of revenues and expenditures, and full coverage"; applied the fund guarantee policy of different categories of funds for different projects, regions and departments; established a regular fund increase mechanism; formulated and improved the criteria for various equipment; and formulated rules guarantying funds for infrastructures construction. Therefore, the funds for carrying out judicial work was further guaranteed and the scope covered by such funds at the grassroots – level organs of politics and law was remarkably extended, which provided the actual monetary guarantee for such organs to perform their statutory duties.

V. On Legal Supervision

Supervision of law is an essential step towards the construction process of a rule – of – law state, which guarantees the fair practice of the Constitution and laws, the correct performance of the administrative power, judicial power and prosecution power, and the legal interests of the citizens and legal persons.

1. Inspection over the Enforcement of Laws

The initiation of an inspection over the enforcement of laws is a fundamental form of supervision by the people's congress at various levels over the administrative, judicial and prosecution agencies at the same level. In 2009 the Standing Committee of the National People's Congress (NPC) put the inspection over the enforcement of laws at the same level of importance as the legislation. In this year the Standing Committee conducted inspections over the enforcement of the "Animal Husbandry Law", "Trade Union Law" and "Food Safety Law', and concluded several important findings which would improve the correct enforcement of those laws. For example, after the inspection over the enforcement of the "Animal Husbandry Law", one of NPC's findings was that the Government needs to increase the financial support and insurance coverage over the animal husbandry. Soon afterwards the State Council decided to accelerate the pilot programs of financial innovations and service innovations in the rural areas to meet the credit demands of the development of the animal husbandry industry. The State Council also decided to encourage the development of marketable insurance products to provide the system guarantee for the animal husbandry industry. As to the quality and safety of the animal products which have always been the focus of the people's attention, the State Council decided to speed up the establishment, improvement and increase of the safety standards of animal products and the production standards and technical specifications of animal husbandry. The State Council also required strengthening the construction of production base of pollution – free animal products and improving the registration system for the animal – breeding farms or communities in order to safeguard the quality and safety of animal products from their origins.

In the year 2009 the people's congress at the local levels also conducted inspections over the enforcement of different laws, administrative regulations and local regulations. Those efforts have guaranteed the local governments' administration in accordance with law, the justice of local courts and prosecutions, and the obedience and enforcement of the Constitution and laws within the respective administrative territories. Those efforts have brought about the good enforcement of laws, economic developments, improvements of people's livelihood, preservation of the people's legal rights and the stability and harmony of the society as well.

2. Supervision over the Budget Performance

In June 2009 the Standing Committee of the National People's

Congress heard and deliberated the final report about the financial statements of the Central Government in 2008 and the audit work report about the central budget performance and other government revenue and expenditure. The Members of the Standing Committee agreed that when new problems and new situations in the macroeconomic operation occurred, the State Council had strengthened and improved macroeconomic regulatory, redeployed fiscal and taxation policies promptly, kept on propelling the reform of fiscal and taxation system, supported disaster control and relief campaign, and vigorously responded to the aftershock of the global financial crisis in 2008. They all agreed that the State Council had successfully accomplished the Central Government's budget approved by the 1st session of the 11th National People's Congress. The Members also pointed out several improving suggestions. The State Council needed to strengthen the taxation administration and ensure all collectable revenue on one hand so as to reverse the continuous dropping trend of the government's fiscal revenue, and on the other hand prevent excessive taxation which would increase unreasonable cost to enterprises. The State Council not only needed to improve the efficiency of the financial resources and guarantee the expenditures of the State's key projects, but also firmly stick to the austerity principle and act within its capacity. The State Council also needed to carry out all undertakings industrially and thriftily, fight against extravagance and waste, and pell – mell pursuit for large scale and superficialness. The State Council needed to press ahead with the reform of fiscal and taxation system, improve the central and local governments with the financial power to match the system, standardize transfer payments system, and lose no time to establish a mechanism for guaranteeing the adequacy of basic financial resources for governments at county level. The State Council needed to implement the laws, regulations and financial disciplines more strictly, strengthen supervision over the key aspects of the government's revenue and expenditure, normalize the planning and performance of government's budget, and take close precautions against the financial risks. The Members of the Standing Committee of the National People's Congress also required the State Council to instruct relevant agencies to correct the problems found after the audit of the government's budget performance in 2008 conscientiously, and ascertain where the responsibility lies according to laws and regulations. As to the repeated violations after continuous auditing and repeated disobedience of financial disciplines discovered in the audit the State Council needed to intensify the ratification and disposition, and moreover to set up a permanent prevention mechanism against violations of financial disciplines based on the analysis of deep – seated reasons. The State Council highly valued the Standing Committee's deliberation opinions over the budget performance of the Government and raised corrective measures such as implementation of structural tax reduction, enhancement of tax collection and administration according to law, intensification of governments' expenditure management, optimization of fiscal expenditure structure, persistence of act – within – capacity principle, integration of public financial system and standardization of transfer payments system. The State Council reported those measures to the Standing Committee of the National People's Congress in December 2009.

3. Special Survey over the Performance of Some Key Projects of Public Investment

In order to tackle the impacts of the international financial crisis over China's economy the State Council initiated a stimulus package program in the Government's Work Report in March 2009, which made an arrangement of 908 billion Yuan's Central Government public investment fund in 2009 based on the pre – increased public investment fund of 104 billion Yuan in the fourth quarter of 2008. To insure the effectiveness of the stimulus package the Standing Committee of the National People's Congress followed the Congress deputies' advice and choose the construction of low – income housing, projects ensuring people's livelihood in education and health, technological improvement and innovation and farmland irrigation and conservancy projects as the four subjects for its 3 – month survey. The special survey mission of the Standing Committee affirmed the achievements of the local governments and various departments when implementing Central Government's stimulus package earnestly. At the same time the special survey mission made an in – time communication with the related departments of the State Council and local governments over the problems found during the survey, including the not solid preparatory work of some projects, incompleteness of the supporting fund, increased local government's debt risk, unbalanced progress rate of different projects and pell – mell pursuit for large scale in individual regions. The survey report was sent to the State Council for ratification and improvement of the existing policies. In October 2009, the Standing Committee of the National People's Congress reviewed the survey report, heard and deliberated the State Council's report on the Central Government's investment arrangement and its performance. During the deliberation the Members of the Standing Committee pointed out that in order to give a full play of the stimulus package the State Council needed to not only focus on the present situation and look ahead to the future, but also plan scientifically and act within its capacity, scrutinize the investment orientation and optimize investment structure, ensure supporting fund and standardize management procedures, strengthen supervision over the investment and eliminate redundant projects, and make the best use of the investment. The Standing Committee required the State Council to submit a written report about the ratifying measures by the end of April 2010.

4. Filing and Reviewing of the Regulatory Documents

The filing and reviewing work over the regulatory documents by the Standing Committee of the National People's Congress in accordance with law is a fundamental procedure to guarantee the unification of the legal system in China. In 2009 the Standing Committee received over 600 pieces of filing applications for administrative rules, local regulations and judicial interpretations. The working organization of the Standing Committee conducted selective reviews over the filling rules and regulations according to law based on hot – spot issues which arouse common concerns of the whole society and issues affecting the vital interests of the people. As to the filing of the judicial interpretations from the Supreme People's Court and Supreme People's Procuratorate the working organization of the Standing Committee conducted piece – by – piece review, communicated with the enactment agencies over the problems discovered within those interpretations, required them to ratify properly, and also urged them to sort out and revise judicial interpretations enacted before 2005. The Standing Committee of the National People's Congress also supervised the local organs of state power to conduct comprehensive sorting – out and revising process towards local regulations. As to the problems discovered within the local regulations the working organization of the Standing Committee conducted initiative review selectively. Moreover, as a result of improved standardization and digitalization of filing and reviewing process, most of the Standing Committees of the people's congress at provincial level had established special organizations in charge of that process. In 2009 the Standing Committee of the National People's Congress received 98 pieces of review proposals over the regulatory documents from the citizens, social groups, enterprises and institutions. The working organization of the Standing Committee carefully deliberated and handled those proposals in accordance with the law.

In 2009 there were 637 pieces of local government regulations, 537 pieces of local government rules and 161 pieces of department rules filed to the State Council. The State Council settled 37 pieces of defective regulations and rules after careful review. As to the 82 pieces of written applications for reviewing related regulations, rules and other regulatory documents submitted by citizens, legal persons and other organizations the State Council also conducted careful deliberation and settlement. The year 2009 witnessed the 31 provincial governments, autonomous region governments and governments of the municipalities directly under the Central Government received 11,124 pieces of filed regulatory documents, and settled 269 pieces of defective documents.

VI. On Guaranteeing Human Rights by Law

The realization of human rights in the broadest sense has been a long – pursued goal of the Chinese government and its people. In 2009 China's human rights cause has seen a steady improvement.

1. Publication and Implementation of the First "National Human Rights Action Plan of China"

In April 2009 the Information Office of the State Council published China's first national plan on the theme of human rights——"National Human Rights Action Plan of China (2009 – 2010)". The plan was framed by the Chinese Government and involved broad participation by the relevant government departments and all social sectors, which symbolized China's response to the United Nations' call for establishing a national human rights action plan and the pursuit of the basic principles prescribed in the Constitution of China, plus the essentials of the "Universal Declaration of Human Rights" and "International Covenant on Civil and Political Rights" as well. The Action Plan was a document explaining the policy of the Chinese government with regard to the promotion and protection of human rights during the period of 2009 – 2010. It was also a solemn commitment made by the Chinese government to the whole world. The Action Plan proceed from the national conditions of China and defined the Chinese government's goals and specific measures in promoting and protecting human rights, which covered the political, economic, social and cultural fields, in the coming two years. At the end of 2009 the inter - agency meeting mechanism for the National Human Rights Action Plan organized a mid - term appraisal on the implementation of the action plan and confirmed that all targets and tasks set by the action plan were fulfilled on time.

2. Guarantee of Economic, Social and Cultural Rights

——People's rights to subsistence and development. In 2009 China's economy took the lead in the recovery and successfully kept a steady growth rate in the scenario of global financial crisis, which effectively improved the Chinese people's livelihood and rights to subsistence, development and other economic, social and cultural rights. Among the total 4000 - billion - Yuan stimulus package within two years initiated by the Central Government, the investment in the fields related to the people's livelihood had taken a considerable portion. In order to boost employment the central budget had allocated 42 billion Yuan in special employment fund. The fund helped one million people in the workforce in the poverty - stricken areas to accomplish short - term vocational training and nearly ten million people in the workforce to finish training on rural practical skills. In the field of poverty alleviation the central budget reserved 19.73 billion Yuan as the poverty alleviation fund and allocated 123 billion Yuan for the "Four Agricultural Subsidies", namely direct subsidies for grain producers, the subsidies for purchasing superior crop varieties, the subsidies for purchasing agricultural machinery and tools, and the general subsidies for purchasing agricultural supplies. The government adopted a poverty alleviation policy to fully cover the low income people in the rural areas, which made the number of the beneficiary amounted to 40.07 million. In order to guarantee the citizens' right to education, the central budget allocated 57.9 billion Yuan to cover the reform of the rural compulsory education funding mechanism and the wavier of the tuition fees for residents and non-residents and accommodation fees of the students under the rural compulsory education. The Government input 5 billion Yuan to carry out the renovation of the junior high school buildings in rural areas in Central and Western China. The financial aid system to students whose families had financial difficulties was improved and the teachers of the compulsory education adopted a performance-based pay system.

——Right to Social Security. With the improvement of social security system the number of beneficiaries of the insurance covering basic pension, basic medical care, unemployment, work-related injuries and maternity, and the number of the rural migrant workers who participated in social security system had seen a substantial increase. There were 28 provinces (including autonomous regions and municipalities directly under Central Government) around China that had established basic pension planning system at the provincial level. The Government launched a pilot project for a new rural pension insurance system in 10% of all the counties (including cities and districts) in

China, which ensured that farmers over the age of 60 in those areas would enjoy generalized coverage of State pension system.

——Right to Health. The reform of the pharmaceutical and healthcare systems which aimed at "Health For All" gained a big progress in last year. The Government proposed for the first time that the basic healthcare system should be provided to the public as a public product. The central government made an extra investment of 20 billion Yuan in improving the medical and health service system at the primary level, so as to realize equal access among the Chinese to public health services. The Government started the establishment of the national essential medicine system and planned to install a primary system in 2011, and a standardized and covering both urban and rural areas system in 2020. The Government also expanded the coverage of basic health insurance system and the coverage of basic medical insurance system for urban residents. The solution for the retired workers from closed and bankrupt state – owned enterprises to join in medical insurance had seen a smooth progress.

3. Guarantee of Civil and Political Rights

——Right of Equality. To break down the dual economic structure of urban and rural areas based on household registration system is the critical step towards citizens' right of equality. There were 13 provinces (including autonomous regions and municipalities directly under Central Government) such as Hebei and Liaoning had published corresponding reform policies which mainly focused on the abolishment of the distinctions between household registration system for rural and non - rural residents, and replaced them with a unified registration system. The revised Election Law of China clearly stipulated that deputies to the people's congress at various levels would be elected according to the same ratio of population in both urban and rural areas. Thus the citizen's equal right to election was guaranteed.

——Democratic Rights. The citizen's right to information, participation, expression and supervision had been further guaranteed. The acquisition and dissemination of information and expression of complaints via the Internet became an increasingly effective way for citizens to participate in social public affairs. By the end of 2009, China's Internet users had exceeded 380 million in number, and 96% of townships and villages had access to broad - bands. More and more government agencies publicized government information via the Internet.

——Guarantee of Human Rights in Judicial Procedures. China's judicial agencies had published a series of regulations to safeguard the judicial justice and the rights of litigants to an open and impartial trial. They also poured greater efforts into investigating and handling cases of torturing and illegal detention. The Government expanded the scope of judicial relief and continued to apply the policy on deferment, reduction or exemption of the litigation fees for those financially straitened litigants in accordance with the law. The Government also strengthened social relief to the poor masses in litigation and provided national assistance to criminal victims.

4. Guarantee of the Rights and Interests of Ethnic Minorities, Women, Children, and the Disabled

The Government launched a nationwide campaign to crack down the trafficking of children and women and established a DNA database for the reported human trafficking cases. A total of 2,471 children and 5,322 women have been rescued. The Government started a pilot project on rehabilitation training for the autistic children in 31 cities. With the help of "Rehabilitation Rescue Project for Poor Disabled Children", nearly 60,000 poor disabled children around the country aging from newly born to 6 years had received proper rehabilitation training. The Government also strengthened employment training for the disabled and created 369,000 jobs for the disabled in cities and towns. In 2009 the Central Government invested 1.24 billion Yuan to support the infrastructure construction, renovation of mud - and - thatch houses and dilapidated buildings, improvement of the living and working conditions of ethnic minorities, the industrial development and increase of the income within areas where less - populated ethnic groups lives in concentrated communities.

VII. On Protection of Intellectual Property Right

The Government of China consistently attached great importance to the protection of intellectual property right, and kept on promoting the protection of intellectual property right in a responsible way. In 2009 the protection work of intellectual property right in China had witnessed new achievements.

1. Improve the Legal System on Intellectual Property Right Protection

China's revised "Patent Law" came into force on October 1st 2009. In December 2009 the State Council executive meeting approved in principle of the "Decision on the amendment of the Implementation Rules of Patent Law of the People's Republic of China". The amended implementation rules integrated the confidentiality examination mechanism for patent application in foreign countries when the invention was accomplished in China, supplemented and refined the application procedures and conditions to grant a patent. The amended implementation rules clarified the information disclosure requirements for genetic resources and the administrative penalties for counterfeited patents, realized the revised patent right assessment report mechanism and design patent right mechanism. The amended implementation rules simplified charging items and payment procedures, and further improved the incentive reward mechanism which allowed the unit and the inventor to make an agreement on the amount and type of payment of the reward.

In 2009 the Standing Committee of the National People's Congress adopted the Tort Liability Law which explicitly stipulated that copyright, patent right, exclusive right to use of trademark belongs to civil rights and should be included in the legal rights of civil subjects. Those stipulations supplemented and improved the legal system on intellectual property right protection. Moreover the drafting of amendments to laws and regulations such as the "Copyright Law", "Trademark Law" and "Regulation on the Intellectual Property Right Protection in Customs" had achieved positive progress.

2. Strengthen the Administrative Enforcement of Intellectual Property Right Protection

The Government promulgated "China's Action Plan on Intellectual Property Right Protection in 2009" which encouraged establishing coordination mechanism for the enforcement of intellectual property right, improving the assistance mechanism for overseas protection of the intellectual property right, and setting up help centers for intellectual property right at well – known exhibitions abroad. In order to deploy the rectification campaign over the market of cultural products, the administrative departments in charge of culture and the comprehensive law enforcement agencies for the cultural products markets all over the country had altogether dispatched out 419,300 law enforcement officers, instructed 297,360 operating units to adopt rectification measures, accepted 62,805 pieces of reports, investigated 72,857 cases, transferred 3,692 cases and settled 65,049 cases in last year. The Government launched special campaigns on the joint strike against issuing false advertisement of medicines via the Internet and other media, and selling fake medicines through mail boxes, express services or other channels. The Government intensified the fight against the illegal reception and circulation of broadcasting and TV programs according to law and pressed ahead with the establishment of intellectual property right protection association for the broadcasting and television industry. The Government also carried out special campaigns against on – line infringement and piracy.

The Government continued the Thunderstorm Campaign, which focused on fighting against patent infringement and counterfeiting, together with the Sky – net Campaign, which focused on fighting against patent fraud. Malicious infringement behaviors such as mass infringement and repeated infringement became the bull's eye of those campaigns. The high incidence momentum of patent fraud cases had been contained and legal rights of patent holders and the public had been safeguarded. Local intellectual property offices throughout the country had accepted and heard 937 cases on patent infringement disputes and 26 cases on other patent disputes, investigated 30 cases of counterfeiting patents and 548 cases of bogus patents over last year.

3. Judicial Protection over Intellectual Property Rights

In 2009 the people's courts at various levels concluded 36,140 intellectual property cases, a 29.65% rise compared with the number in 2008. The Supreme People's Court published "Opinions on Several Issues concerning Implementing the National Intellectual Property Strategy" which instructed a comprehensive deployment over the implementation of the strategy within the people's courts at various levels. The Supreme People's Court also promulgated corresponding judicial interpretations to improve the protection of well-known trademarks in accordance with law and guarantee the trial of patent infringement cases in a fair and correct way. The Supreme People's Court published "Regulations on Separating the Trial of Administrative Cases regarding Intellectual Property Rights such as Patents or Trademarks that require Authorization or Confirmation of Rights" which integrated the judicial system on intellectual property rights. The People's Courts at various levels launched theme events highlighting intellectual property right protection and chose "improving judicial system for independent innovations" as this year's theme. The Supreme People's Court published "Annual Report on Intellectual Property Right Cases" for the first time in which the summarized experiences provided a better guidance for the administration of justice and improved the unification and integrity of applicable standards.

In 2009, the prosecution agencies all over the country had stepped up the fight against intellectual property cases, accepted applications for arrestment in 1,492 cases related to intellectual property crimes which involved 2,667 persons, approved the arrestment of 2,119 persons in 1,256 cases, accepted 1,931 transferred cases for prosecution which involved 3,518 persons, and prosecuted 1,535 cases which involved 2,695 persons. The public security agencies intensified the crack - down against intellectual property right infringement crimes, and uncovered 1,624 cases of intellectual property right infringement which involved nearly 1.038 billion Yuan and seized 2,649 suspects.

VIII. On Environmental Law System Construction

The Government of China not only attaches great importance to environmental protection and resources conservation, but also persists in the course of sustainable development and has made environmental protection a basic state policy. In recent years the Government had defined the scientific outlook on development which required for comprehensive, coordinate and sustainable development. The construction of China's environment law system is an important symbol for upholding the scientific outlook on development.

1. Strengthen Legislation and Improve Environmental Law System and Corresponding Measures

By the end of 2009 China had enacted over 30 pieces of laws in the environmental protection sector, for example the "Environmental Protection Law", "Marine Environmental Protection Law", "Energy Conservation Law", etc. The environmental protection law became one of the sectors with the fastest growth among all the law categories of China.

The environmental legislation in China laid emphasis on the normalization over the legal institutions and policies of environmental protection, and established nearly 20 pieces of legal institutions and many policies successively. At the early stage China's environmental law institutions focused on terminal treatment measures and established mechanisms such as "three concurrencies (installations for the prevention and control of pollution at a construction project must be designed, built and commissioned simultaneously with the principal part of the project)", treatment within a prescribed time limit, pollution charge, pollution declaration, environmental protection planning, environmental standards, monitoring, excessive discharge fee and license. In 1999 China revised its "Marine Environmental Protection Law" and began to focus on the pollution prevention and control in the whole process from the headstream to the end. This law helped China to establish mechanisms such as total sea – disposal pollution discharge control, marine functional zonation schemes and elimination of out – of – date production techniques and equipment, which strengthened the pollution control at its source. Moreover, in order to strengthen the pollution control of the marine environment, this law also designed systems such as civil liability of compensation, insurance and compensation fund for vessel – induced oil pollution and contingency scheme to cope with pollution, which in turn improved the environmental law system. In 2002 China promulgated "Law on Evaluation of Environments Effects" and further intensified the source – control of environmental protection. The "Energy Conservation Law" revised in 2007 and "Law on Prevention and Control of Water Pollution" revised in 2008 added mechanism of target – related responsibility and assessment mechanism, and explicitly stipulated that the accomplishment of environmental protection targets should be included in the assessment of the local people's governments and their leading persons. In 2008 China promulgated "Law on Promotion the Development of a Recycling Economy" which established mechanisms such as public participation, periodical assessment which gave full play to the entire society in the environmental protection and rational use of resources. China's environmental law system is relatively comprehensive up till now.

2. Actively Coping with the Global Climate Change

The Government of China not only focused on the social and economic developments and sustainable developments of its own, but also cared for the coexistence and developments of the mankind and the protection of indispensible environment for human beings. In recent years China has been working with the international community to tackle the climate change and has accelerated the legislation process in standardizing energy - saving, developing renewable energy, recycling use of resources and increasing carbon sink abilities. In order to improve the energy efficiency and reduce the emission of green - house gases, the Standing Committee of the National People's Congress revised its "Energy Conservation Law" in accordance with the targets for energy - saving and emission - reduction stipulated in the Eleventh Five - Year Plan for National Economy and Social Development. The new law clearly stipulated that energy - saving was a strategic policy for China's economic and social development, and enlarged its regulation scope and added stipulations regarding with the energy conservation in construction, transportation and public institutions. The State Council amended its "Regulations on Energy Conservation in Construction" and "Regulations on Management of Energy Conservation in Public Institutions" in accordance with the new law. Those regulations further tightened up energy efficiency standards and specified compulsory energy efficiency standards for energy - consuming products (or appliance), energy density quota for high energy - consuming products, strict energy - saving standards for construction, and fuel efficiency quota for vehicles and vessels serving for transportation. Those regulations also established some basic mechanisms for energy - saving management, explicitly spelled out policies for the encouragement and orientation of energy - saving in financial, price - setting, credit aid and government procurement aspects, and some compulsory management measures. The regulations strengthened the management of energy - saving in government agencies and demanded government agencies to set an example in energy - saving campaign. In order to accelerate the exploitation and use of the renewable energy, the Standing Committee of the National People's Congress revised "Renewable Energy Law" in December 2009, which strengthened the guiding and controlling function of the national plan for the exploitation and use of renewable energy towards the local plan, and improved the Government's macroeconomic regulatory system over the renewable energy market and the renewable energy fund mechanism. In addition to that, the Standing Committee of the National People's Congress enacted laws like "Law on Promotion of Cleaner Production" and "Law on

Promotion the Development of a Recycling Economy" which were helpful for the environmental protection from the source, energy - saving and emission - reduction. The State Council and related departments also promulgated abundant of corresponding administrative regulations and department rules. In December 2009, the Standing Committee of the National People's Congress deliberated and passed the "Law on Protection of Offshore Islands" which strengthened the protection of ecosystems on offshore islands in light of improving carbon sink abilities. In the meanwhile the related departments of the State Council carried out the feasibility studies over the amendment of "Forestry Law" for the sake of increase the carbon sink ability of forestry.

In addition to the improvements of related law system, the Standing Committee of the National People's Congress deliberated and passed the "Decision on Actively Tackling Climate Change", which mainly contained four suggestions over China's legal responses against the climate change. Firstly, China should intensify its legislation efforts on tackling the climate change and listed the related proposals in the legislation plan by recognizing them as a major task for the establishment and improvement of a socialist legal system with Chinese characteristics. Secondly, China should timely amend the related laws on tackling the climate change and environmental protection, promulgate supporting regulations without delay, and enact new laws and regulations according to current situations. All those efforts would provide better legal support for the coping with climate change. Thirdly, under the general guidance of actively tackling the climate change China should strengthen the enforcement of related laws such as "Energy Conservation Law", "Renewable Energy Law", "Law on Promotion the Development of a Recycling Economy", "Law on Promotion of Cleaner Production", "Forestry Law", "Grassland Law" and so on, and improve the government's efforts of tackling the climate change in accordance with law. Fourthly, China should put the efforts on tackling the climate change as one of the major targets for the supervisory work of the National People's Congress, strengthen the supervision over the enforcement of the related laws, and safeguard the effective implementation of those laws.

3. Strengthen the Supervision over the Environmental Justice and Enforcement of Environmental Laws

In addition to the continuous improvements of the environmental legislation, the Standing Committee of the National People's Congress attached great importance on the enforcement of environmental laws. In recent years the corresponding special committees of the National People's Congress carried out several supervisory inspections and follow-up inspections over the enforcement of the laws such as "Law on Prevention and Control of Water Pollution", "Law on Evaluation of Environments Effects" and "Law on Prevention and Control of Atmospheric Pollution". The related special committees also conducted numerous supervisory inspections over the implementation of targets for energy-saving and emission-reduction by the local governments, which were stipulated in the Eleventh Five-Year Plan for National Economy and Social Development and approved by the National People's Congress. Those committees also carried out supervisory surveys over the Three Gorges Project, ecological construction in Greater Higgnan Mountains and South – to – North Water Diversion Project. Moreover, governments at various levels, who serves as the first responsible party for the environmental protection, had implemented their liabilities strictly and improved accountability system. All those efforts had brought about positive outcome for environmental protection work.

IX. On Dissemination of Legal Knowledge

To carry out dissemination of legal knowledge among all citizens, advocate the rule of law, and construct a social atmosphere of learning, observing and employing law consciously is a fundamental work for the implementation of rule of law which serves as China's basic state policy. It is also an inevitable requirement for the acceleration of construction a socialist rule - of - law state. Due to the distinctive themes, variety in forms and effective results, the dissemination of legal knowledge were carried out to increase people's legal awareness and create a better legal environment for the whole society in 2009.

1. Carry out Thematic Activities in Dissemination of Legal Knowledge

China defined the theme for economic and social development in 2009 as "sustaining economic growth, ensuring people's well - being and maintaining stability", which became the bull's eye of dissemination of legal knowledge. Under the theme of actively coping with international financial crisis, China successively held more than 60,000 sessions of thematic forums, rule - of - law forums, law lectures, legal training courses, knowledge contests and cultural activities for enterprises. Under the theme of increasing farmers' legal knowledge and promoting rural reform, China launched events such as "sending legal knowledge to the rural areas", strengthening dissemination of achievements in legal system among migrant workers and improving democracy and rule - of - law at primary level in rural areas. More than 1.1 million rural cadres had been trained during those events. Under the theme of "safeguarding the legal authority of the Constitution and improving the stability and harmony of society" China launched dissemination of legal knowledge to strive for unity among all its nationalities. The Government of China also explored ways to carry out legal education in ethnic regions and religious sites. In 2009 under the "promotion of legal awareness among temples" activities China had held more than 10 thousand sessions of training courses for religious personnel and trained more than 200 thousand people. In order to improve the awareness of intellectual property right protection, China decided to add related contents in the "Curriculum Standard for Ideology and Moral Education of Full - time Compulsory Education", compiled the "handbook for intellectual property laws", and staged the "intellectual property rights protection week". Moreover China also launched dissemination of legal knowledge regarding to hot - spots and social problems such as prevention and control of influenza A (H1N1), traffic safety, drug control and so on.

2. Normalization of "Double - hundreds" Activity

The "Double hundreds" (one hundred legal lectures by one hundred jurists) activity jointly which was held by the Publicity Department of Central Committee of the Communist Party of China, Political and Legislative Affairs Committee of Central Committee of the Communist Party of China, Ministry of Justice and China Law Society witnessed continuous success from 2006 to 2008. In 2009 China Law Society drafted "Opinions on further strengthening the normalization of "Double – hundreds" Activity which stipulated to strive for the normalization of "Double – hundreds" Activity within a 3 – year period. The "Double – hundreds" Activity in 2009 witnessed more than 430 sessions of lectures which covered more than 450 thousand audience. The topics of this year concentrated on Constitution, socialist legal ideology, rule of law under socialism with Chinese characteristics and socialist legal system with Chinese characteristics and witnessed good social effects.

3. Enhancement of Learning and Employing Law by Focus Groups

The Government of China promoted mechanisms like legal study among the central theoretical study group of Party committee (or Party group) and legal lectures for the leading cadres. Many provinces (including autonomous regions and municipalities directly under Central Government) even organized unified legal knowledge tests for the leading cadres and public servants. China triggered the "promotion of legal awareness among government agencies" activity and organized legal education activities for public servants in various forms, which included more than 500 thousand sessions of legal training courses for public servants with coverage of more than 160 million people. In addition to that, the dissemination of legal knowledge among youngsters had seen further progress. Almost all universities, middle schools and primary schools throughout the country had offered legal education courses, and the functions of deputy principals and counselors in charge of legal education became more and more standardized. China organized national youngster's online legal knowledge competition which successfully attracted more than 160 million attendants. The Government of China continued to organize large - scale legal popularization event under the theme of "Loving your Motherland, Learning Legal Knowledge and Create Harmony" so as to cultivate and enhance the patriotic sense and legal awareness of youngsters.

4. Improving the Creation of Rule - of - law Provinces, Rule - of - law Cities or Rule - of - law Counties and the Administration by Law at Primary Levels

In 2009 there were 19 provinces (including autonomous regions and municipalities directly under Central Government), more than 130 prefectures and more than 500 counties all over China had launched campaigns of rule - of - law creation. China promulgated the "National Guiding Criteria for the Evaluation of Campaigns regarding with the Creation of Rule - of - law Counties (cities or districts)" to strengthen the direction of those campaigns. The democracy and rule - of - law creation campaigns at primary levels had been carried out flourishly. There were 364 incorporated villages throughout the country named by the justice administration departments and civil affairs departments as the "Fourth Batch of National Model Village for Democracy and Rule - of - law".

5. Promulgation of "Annual Report on China's Legal Development Under Rule of Law"

In order to make prompt introduction about the latest achievements in China's legal system both home and abroad, the Government of China published its first white paper on legal achievements titled "Promoting the Rule of Law in China" in 2008. In June 2009 China Law Society organized in writing and promulgation of the "Annual Report on China's Legal Development Under Rule of Law". This report was a full reflection of China's achievements during the construction of a rule – of – law state in 2008 in areas such as legislation, administration abide by law, judicial work, legal protection over human rights, protection on intellectual property, dissemination of legal knowledge, legal education and jurisprudential studies, international communication and cooperation and so on.

6. Exploration on Forms and Media for Dissemination of Legal Achievements

In 2009 various media like newspapers, TV stations and broadcasting stations had paid more attention to the publicity of legal achievements by introducing numerous columns, special pages and programs. The online dissemination of legal achievements had seen a great expansion. There were nearly 200 websites all over China specialized in the dissemination of legal achievements. Government websites, news websites and web portals had opened up laws web pages, law channels, law columns and law special reports. The "4th December ——National Legal Advocacy Day" had gain more and more popularity in China.

X. On Legal Education and Jurisprudential Studies

Legal education and jurisprudential studies is an important part of the construction of a rule – of – law state. The year 2009 witnessed the steady progress in China's legal education and jurisprudential studies and new triumphs in cultivation of legal talents, building of rule – of – law ideology, construction of civil consciousness and development in rule – of – law civilization.

1. Gradual Perfection in Legal Education System

——Expansion in Legal Education Scale. Under the guiding principles of "Multi – channels, Multi – forms and Multi – levels" for legal education the law universities, law schools and law academes in China amounted more than 630 in 2009, among which 333 colleges, universities and research institutions had the power to award Master of Laws, 115 institutions had the power to award Juris Masters, 35 institutions had the power to award Juris Science Doctors (including 11 institutions to award doctoral degrees for first – class disciplines), and 11 post – doctoral research centers. In 2009 the law major undergraduates in China had exceeded 400 thousand which indicated that China's higher legal education made a fast transition from the elite education stage to mass education stage. At the same time China's legal education also witnessed significant improvements in the educational infrastructure and teaching staff; more integration in curriculum design for law majors; advanced cultivation methodologies; clear positioning and rational linking among different levels and different types of law degrees; closer connections between legal education activities and the academic research, judicial examination, legal practice and career development; and gradual expansion of various teaching methodologies such as case - study, Platonic teaching, legal clinic, moot courts and so on.

——Initial Formation of Multi - types of Legal Education System and Multi - levels of Law Degree System. China's universities and colleges specialized in legal education provided regular higher legal education, which included political science and law institutes (universities), law schools in comprehensive universities, and law faculties in single - subject universities majored in finance and economics, engineering and technologies, agriculture and forestry and etc. Those institutions focused both on cultivation of practical legal talents like law undergraduates and Juris masters who would become judges, prosecutors or lawyers in future, and academic legal talents (Master of Laws and Juris Science Doctors). China's legal education system also provided higher vocational education of law for adults, which included correspondence colleges, evening colleges, institutes for politic science and law administration cadres, judges colleges, prosecutors colleges, schools for political science and law cadres. Those vocational educations focused on cultivation of paralegals (junior college level).

Moreover China's legal education system provided secondary vocational education of law, which included judicial training schools and judicial police officers schools.

——Rapid Growth of Vocational Education of Law. The vocational education of law, which was a reflection of adaptation to the society, service to the society and service to the rule - of - law by legal education, represented the basic direction for legal education reform and was listed in the "Outline for Mid - term and Long - term Plan on National Education Reform and Development (2010 - 2020)" as a fundamental content in the reform of judicial system. In 2009 China's vocational education of law continued to deploy experiments and exploration focusing on rational education, ethical education, and training of professional knowledge and skills. The vocational training of law, which was mainly beard by judges colleges, prosecutors colleges, schools for political science and law cadres and police academies, had achieved a preliminary scale with distinctive features. Moreover various forms of pre - work training, tenancy training, promotion qualification training, and special knowledge and skills training had become more and more professional, standard and institutionalized. The vocational education for legal service workers like lawyers, notaries and law clerks was triggered one by one and satisfied the talents thirsty in construction of a rule - of - law state.

2. Flourishing Jurisprudential Studies

After China adopted the reform and opening up policy, its jurisprudential studies had witnessed numerous jurisprudential achievements, establishment of academic discipline systems, research teams with rational age structure and knowledge structure taken into form, more diversified and scientific research methodologies and perspectives, and fully implementation of the academic research guiding principle of "letting a hundred flowers blossom and a hundred schools of thought contend".

China's jurisprudential studies in 2009 had paid more attention to the integration of theory with practice, focused on major events and people's well-being, and actively responded to the hotspots and social problems. Those academic efforts had produced numerous achievements with theoretic and practical values concentrated in areas such as how to tackle international financial crisis, how to formulated and improve the socialist legal system with Chinese characteristics, how to achieve a sound and rapid economy development, how to regulate the exercise of state power, and how to improve fairness, justice and social harmony. The Constitutional research carried out in depth studies over the transition of protection over citizen's basic rights under the theme of "celebrating 60th anniversaries of New China and the establishment of Constitution". Jurisprudential research carried out in depth studies over the global harmony and rule of law, which was also the theme of 24th session of IVR held in China. The civil law research carried out in depth studies over criteria for liabilities, damage compensations and special forms of torts in the scenario of China's enactment of torts law. The commercial law research carried out in depth studies over social liabilities of enterprises in the context of international financial crisis from its own perspective. The administrative law research carried out in depth studies over freedom of information, regulation of administrative discretion power, administrative supply procedures under the theme of "administrative procedures abide by law". The economic law research carried out in depth studies over the relations among the international financial crisis, market regulations, and macroeconomic control measures. The fiscal and tax law research carried out in depth studies over democracy and rule - of - law in fiscal and tax law area, perfection of legal system on tax collection and administration, and supporting fiscal and tax policies for regional development under the theme of "service to the scientific development". The intellectual property law research carried out in depth studies over the online protection of copyrights and the amendments to the "Trademark Law" and "Unfair Competition Law" in the background of globalization. The criminal law research carried out in depth studies over the victim - offender reconciliation mechanism and death penalty system in the context of celebrating 60th anniversaries of New China. The sociological law research carried out in depth studies over legislations of building new countryside and social security system, legal regulations on collective labor relations, and legislations on labor contracts and labor standards under the theme of "improving people's well - being". The international economic law research carried out in depth studies over legislations on anti - subsidy, new forms of trade protectionism, and promotion the development of service trade under the theme of "changes in the international economic laws with the background of financial crisis". The civil procedure law research carried out in depth studies over mediation mechanism, reform of civil judicial procedures, and enactment of civil procedural code under the theme of "celebrating 60th anniversaries of New China". The criminal procedure law research carried out in depth studies over the improvements on criminal sentencing discretion procedures, optimization the allocation of criminal judicial power, and application of basic criminal principle of "combination of severity with leniency" under the theme of "intensify criminal justice reform".

XI. On International Communications and Cooperation

The Government of China had achieved positive results during the participation in international legislation process and strengthening international judicial and enforcement cooperation.

1. Participation in International Legislation Activities

——Legislation on Anti – terrorism. China had participated in 11 conventions out of a total of 13 international conventions on anti – terrorism, and was going through the domestic ratification procedures for the newly signed "International Convention for the Suppression of Acts of Nuclear Terrorism". The Government of China dispatched a delegation to attend the 2009 annual session of Counter – Terrorism Committee of UN General Assembly, and continued the participation of negotiation on drafting a comprehensive convention against international terrorism. China was in favor of drafting a new comprehensive convention against international terrorism for the sake of further improvements to the existing international anti – terrorism legal framework. China also agreed with the motion of holding a high – level conference on anti – terrorism chaired by UN in due time, so as to provide guiding policies for the international legal cooperation in anti – terrorism. At the regional cooperation level, the Government of China actively participated in the anti – terrorism cooperation under the framework of Shanghai Cooperation Organization (SCO) , supported further enhancement of legal foundation for anti – terrorism cooperation, and signed "Convention against Terrorism of Shanghai Cooperation Organization".

——Legislation on Outer Space. The Government of China sent a delegation to participate in the 52nd session of UN Committee on the Peaceful Uses of Outer Space (COPUOS). The Chinese delegates emphasized that the construction of a harmonious outer space would be a tree without roots if there are no support from the outer space laws. However the existing outer space laws could not effectively prevent weaponization and an arms race in outer space. There was a strong need to negotiate new legal instruments without any adverse influence over the existing outer space law frameworks. Chinese delegation voted for theResolution titled " Prevention of an arms race in outer space" at the UN general assembly.

——Legislation on Law of the Sea. China had dispatched delegations to attend the 19th session of contracting states conference of "UN Convention on the Law of the Sea" (UNCLOS) , the 15th annual session of International Seabed Authority and open – ended informal consultative process on UNCLOS at the 64th session of UN general assembly. As to the delimitation of outer continental shelf, the Government of China stressed that delimitation of sea areas under national jurisdiction and sea areas outside national jurisdiction should be more scientific and reasonable, so that coastal states could both fully exercise the sovereign rights and jurisdiction over the continental shelf which was a natural prolongation of their land territory, and prevent occupying the international seabed area which was a common heritage for the mankind. China pointed out that review procedure by Commission on the Limits of the Continental Shelf over delimitation proposals from costal states base on Article 76 and annex II of UNCLOS should not affect the application to other parts of UNCLOS by any contracting state.

——Negotiation and Implementation on International Conventions of Human Rights. The Government of China sent a delegation to attend the first session of drafting team for the optional protocol of "Convention on the Rights of the Child" in December 2009, and discussed with other states over related issues in drafting optional protocol on communications mechanism. China earnestly implemented the liabilities in human rights treaties where China was a contracting member, and started drafting the Second Periodic Report on the Implementation of "International Covenant on Economic, Social and Cultural Rights", the Combined Third and Fourth Periodic Report on the Implementation of "Convention on the Rights of the Child", and the First Periodic Report on "Optional Protocol to the Convention on the Rights of the Child on Involvement of Children in Armed Conflict". The Government of China dispatched a delegation to attend the consideration by UN Committee on the Elimination of Racial Discrimination (CERD) over the Combined 10th to 13th Periodic Reports of China on the Implementation of the "Convention on the Elimination of All Forms of Racial Discrimination", and carried out constructive dialogues with CERD. The conclusions from the CERD consideration affirmed the

Government of China's efforts and achievements in areas such as economic developments in ethnic regions, improvements of living standards in ethnic regions, preservation of ethnic cultures and so on.

2. Judicial Assistance Treaties

China signed its first judicial assistance treaty with France in 1987 titled with "Sino – French Judicial Assistance Treaty on Civil and Commercial Affairs". The contracting work of judicial assistance treaties had been shifted to a fast line and witnessed the signature of more than 100 treaties with nearly 60 states by the end of 2009.

——Maintaining China's Legal Rights by Judicial Assistance. In 2009 the Government of China and its counterpart raised and executed more than 3,300 criminal or civil cases for judicial assistance, which had a wide coverage of areas like trade disputes, maritime transportation, products quality, insurance, torts, divorce, corruption, transnational money laundry, and intellectual property rights. The judicial assistance treaties had achieved effective crackdown against transnational crimes and protection of China's national interests and legal interests of enterprises and citizens.

——Accelerating Contracting Work of Judicial Assistance Treaties and Improving Legal Framework of Judicial Assistance Treaties. In 2009 the Standing Committee of the National People's Congress successively ratified "Extradition Treaty between China and Mexico", "Judicial Assistance Treaty on Civil and Commercial Affairs between China and Chile", "Treaty on Transfer of Sentenced Persons between

China and Republic of Korea", "Treaty on Transfer of Sentenced Persons between China and Australia", "Judicial Assistance Treaty on Criminal Affairs between China and Venezuela", "Judicial Assistance Treaty on Civil and Commercial Affairs between China and Brazil" and "Judicial Assistance Treaty on Criminal Affairs between China and Malta".

The Government of China also signed "Judicial Assistance Treaty on Criminal Affairs between China and Malta", "Judicial Assistance Treaty on Civil and Commercial Affairs between China and Brazil" and "Extradition Treaty between China and Indonesia" in 2009.

——Conducting Dialogues and Communications in Judicial Assistance. China had held the second round discussion with Canada on judicial and enforcement cooperation. Both sides had an in-depth exchange of views on issues like extradition, deportation of fugitives and share proceeds of crimes, and agreed to continue such dialogue so as to improve practical cooperation in the future. China also held a symposium with US on extradition laws and practice. Both sides had an in-depth exchange of views on issues covering Constitutional frames, legal basis in domestic laws and treaty laws, specific operating procedures for handling extradition cases, criteria and contents for contracting extradition treaties, and alternative procedures for extradition.

3. International Law-related Activities on Climate Change

——Propelling Negotiations on Climate Change and Maintaining Legal Status of UNFCCC and Kyoto Protocol. Climate change was one of the biggest international hot – spot issues in 2009. Through promulgation of "The Government of China's Stance on Copenhagen Climate Change Summit" China pointed out that the "United Nations Framework Convention on Climate Change" (UNFCCC) and Kyoto Protocol should be the basic framework and legal foundation for global cooperation on tackling climate change. Those two instruments had aggregated consensus from global community and should serve as the basis and guideline for the implementation of the "Bali Road Map". The only way to realize the "shared vision" of long – term cooperation efforts on tackling climate change was to strengthen comprehensive, effective and continuous implementation of UNFCCC. At the UN Climate Change Summit held on September 22nd 2009, Mr. Hu Jintao, President of China, made a comprehensive elaboration over China's principled stance on climate change and announced four important counter – measures.

The Government of China had attached great importance to the Copenhagen Climate Change Summit, participated in the negotiation process actively and responsibly, and kept close communications and exchanges of views with other participants. Mr. Wen Jiabao, the Prime Minister of China, had attended the Copenhagen Summit and delivered a key speech. He also carried out in – depth and meticulous exchange of views with other participants which helped to bring about positive influence for the Summit. The final statement of the Summit titled the "Copenhagen Accord" had adhered to the basic framework of UNFCCC and Kyoto Protocol, affirmed the achievements in double

– track negotiation mechanism under the "Bali Road Map", locked on the consensus over hot – debated issues, reaffirmed the principle of "Common but Separate Liabilities", and laid political foundation and guidelines for the future negotiation.

——Actively Coping with Legal Impacts by "Carbon Tariff". The Representative House of United States passed "The Raise Wages, Cut Carbon Act" at the end of June 2009, which incorporated articles of border tax adjustment. It stipulated that US would impose "carbon tariff" (special tariff against emission of carbon dioxide) over imported products of top carbon – emission industries like aluminum, steel, cement and some chemical products. China's Department of Commerce responded on July 3rd 2009 that the levy of "carbon tariff" violated the basic principles of WTO and was implementing trade protectionism under the name of environmental protection, which undermined the interests of developing countries and caused resolute opposition from Chinese side. On December 16th 2009 Department of Commerce of China reiterated its opposition against the restriction of trade by using "carbon tariff" measures.

4. Miscellaneous Activities

——Maintaining Legal Status of "Antarctic Treaty". With the participate to the 32nd session of consultative conference on "Antarctic Treaty" China emphasized that the principles stipulated as "freezing territorial sovereignty claims in Antarctica", "Antarctica shall be used for peaceful purposes only", "freedom of scientific investigation" and "consultation for consensus" were the foundation of Antarctic Treaty's achievements, and should continue to serve as guiding policies for dealing with new issues like travelling or bio – prospection in Antarctica.

——Propelling the Application to International Treaties and Conventions in Hong Kong SAR and Macaw SAR. In March 2009, the Government of China deposited its instrument of approval of "Intergovernmental Agreement on the Trans – Asian Railway Network" and the governmental statement of applying such agreement to Hong Kong SAR and Macaw SAR. China also made another 13 depositions of applying amendments of multilateral treaties to Hong Kong and Macaw SAR in 2009.

——Participating International Judicial Activities. The International Court of Justice held written and oral proceedings on the question of the "Accordance with International Law of the Unilateral Declaration of Independence by the Provisional Institutions of Self – Government of Kosovo (request for advisory opinion)" in Hague, Netherlands. China participated in those proceedings and elaborated its understanding over No. 1244 Resolution by the UN Security Council and its stance on persistence of basic international law doctrines such as mutual respect for territorial integrity and sovereignty, and national self – determination rights. It was the first time for China to participate in judicial procedures of the International Court of Justice, and the first time for all the five permanent members of UN Security Council jointly attending judicial activities of the International Court of Justice as well.

Conclusions

After witnessed China ' s achievements in the construction of a rule – of – law state in 2009, we must realize that, as the biggest developing country in the world, China still faces numerous problems and contradictions in the social and economic development, and new challenges in building a rule – of – law state. We need to shoulder our responsibilities and follow the call for a comprehensive implementation and acceleration in the construction of a socialist rule – of – law state.

2010 not only indicates the last year for the Eleventh Five – year Plan, but also marks a critical year of ensuring the formulation of a socialist legal system with Chinese characteristics, building a rule – of – law government in all – round ways, and accelerating reform of the judicial administrative system and its working mechanisms. Under the leadership of the Communist Party, the people of China will apply the "Scientific Outlook on Development" thoroughly and continue to advance unswervingly and courageously along the road of socialism with Chinese characteristics. The Chinese people will keep on focusing source – related, essential and fundamental issues affecting the social stability and harmony, and further promoting three important tasks of resolve contradictions in society, innovations in social management, and fair and clean law enforcement. All those efforts shall provide stronger legal protection for the comprehensive encouragement of socialist economic, political, cultural, social, and ecological development.

The people of China are fully confident and have the ability to overcome up-coming difficulties and challenges. They are destined to write a magnificent chapter in the history of rule-of-law of the nation.

Annex

(A) Contents of laws enacted and amended by the Standing Committee of the National People's Congress (15 items)

1. Food Safety Law of the People's Republic of China
2. Amendment VII to the Criminal Law of the People's Republic of China
3. Insurance Law of the People's Republic of China
4. Postal Law of the People's Republic of China
5. Decision by the Standing Committee of the National People's Congress on Amending the Rules of Procedure for the Standing Committee of the National People's Congress
6. Law of the People's Republic of China on Mediation and Arbitration of Disputes over Rural Land Contract and Management
7. Statistics Law of the People's Republic of China
8. Decision of the Standing Committee of the National People's Congress on Annulling Some Laws
9. Law of the People's Republic of China on the People's Armed Police
10. Decision of the Standing Committee of the National People's Congress on Revising Certain Laws
11. Law of the People's Republic of China on Diplomatic Personnel Stationed Abroad

12. Torts Liability Law of the People's Republic of China
13. Law of the People's Republic of China on the Protection of Offshore Islands
14. Decision of the Standing Committee of the National People's Congress on Amending the Renewable Energy Law of the People's Republic of China
15. Decision of the Standing Committee of the National People's Congress on Empowering the Macao Special Administrative Region to Exercise Jurisdiction over the New Campus of the University of Macao on Hengqin Island

(B) Contents of Administrative Regulations Formulated and Amended by the State Council in 2009 (21 items)

1. Regulations on Army Uniform Administration
2. Decision of the State Council on Revising the Regulations on Special Equipment Safety Regulation and Inspection
3. Decision of the State Council on Amending the Decision of State Council on Setting Administrative Licenses to Items Necessary for Administrative Approval
4. Regulations on Tourist Agencies
5. Regulations on Administration of Recycling and Disposal of Abandoned Electric and Electronic Products
6. Regulations on Combating Drought of the People's Republic of China
7. Regulations on the Administration of Civil Airports

8. Provisions on Lottery Administration
9. Regulations on Family Planning Involving Migrant Population
10. Regulations on Basic Surveying and Mapping
11. Regulations on Implementation of Food Safety Law of the People's Republic of China
12. Regulations on Environmental Impact Assessment of Zoning
13. Regulations on Nationwide Fitness
14. Regulations on Prevention and Control of Marine Environment Pollution by Vessels
15. Provisions on Regulation and Administration of Safe Transportation of Radioactive Substances
16. Provisions on Agricultural Machinery Safety Regulation and Administration
17. Regulation on Security Service
18. Provisions on the Work of Government Counselors
19. Interim Measures for Compensation Payment for Broadcasting Phonographs by Radio and Television Stations
20. Management Measures for Foreign Enterprises or Individuals Establishing Joint Ventures in China
21. Provisions on the Work of the Administrative Academy

(C) Judicial Interpretations Promulgated by the Supreme People's Court (SPC) and the Supreme People's Procuratorate (SPP) (22 items)

1. The Interpretation of SPC and SPP over Several Issues on Applica-

tion to Laws in Handling Criminal Cases such as Production and Sales of Fake or Inferior Pharmaceutical Products

2. The Interpretation of SPC and SPP over Several Issues on Application to Laws in Handling Criminal Cases of Interference against Management of Credit Cards
3. The Fourth Supplementary Regulation of SPC and SPP over Conviction of Accusations Stipulated in the Criminal Law of the People's Republic of China
4. The Ordinance of SPC over Several Issues on Application to Laws in Handling Cases of Delivery of Cargo without Presentation of Original Bill of Landing
5. The Ordinance of SPC over Several Issues on Service of Judicial Documents in Cases related to Civil and Commercial Affairs in Hong Kong SAR and Macaw SAR
6. The Interpretation of SPC over Several Issues on Application to Laws in Trial of Civil Disputes relating to the Protection of Famous Trademarks
7. The Supplementary Regulations of SPC over Recognition of Civil Judgments from Related Courts in Taiwan Region
8. The Interpretation of SPC over Several Issues on Application to Contract Law of the People's Republic of China (II)
9. The Reply of SPC over Several Issues on How to Calculate Debt Interests during the Performance Delay Period in Enforcement Work
10. The Interpretation of SPC over Several Issues on Application to Laws in trial of Condominium Right Disputes of Property Owners

11. The Interpretation of SPC over Several Issues on Application to Laws in handling Property Management Service Disputes
12. The Reply of SPC on How to Deal with the New Crime Convicted during the Execution of Accessory Penalties of Deprivation of one's Political Rights
13. The Interpretation of SPC over Several Issues on Application to Laws in Handling Leasing Disputes over Houses in Towns and Townships
14. The Interpretation of SPC over Several Issues on Application to Insurance Law of the People's Republic of China (I)
15. The Ordinance of SPC over Quotation of Regulatory Legal Instruments such as Laws and Regulations by Judgment Documents
16. The Interpretation of SPC over Several Issues on Application to Laws in Handling Criminal Cases of Money Laundering
17. The Ordinance of SPC over the Work of Commissioned Assessment, Auction and Sell Off
18. The Ordinance of SPC over Several Issues in Handling Civil Cases with Jurisdictional Disputes
19. The Decision by SPC on the Amendment to the Interpretation of SPC over Several Issues on Application to Laws in Handling Criminal Cases of Manufacturing, Trade in, Transport Guns, Ammunition and Explosives
20. The Interpretation of SPC over Several Issues in Trial of Administrative License Cases
21. The Interpretation of SPC over Several Issues on Application to

Laws in Handling Infringement of Patent Right Disputes

22. The Reply of SPP on How to Apply to Laws when a Notary Made Significant Dereliction of its Duty when Issuing a Notary Certificate